Volkmar Stangier

Erfolgreich in die Zukunft

DaimlerChrysler AG
EMD/DCU
HPC Z 241
70546 Stuttgart

Volkmar Stangier

Erfolgreich in die Zukunft

Ziele visualisieren –
Erfolge programmieren

Ein praktischer Ratgeber
mit zahlreichen Arbeitsblättern

2. Auflage

expert Taschenbuch Nr. 64

Bibliografische Information Der Deutschen Bibliothek

Die Deutsche Bibliothek verzeichnet diese Publikation
in der Deutschen Nationalbibliografie;
detaillierte bibliografische Daten sind im Internet über
http://dnb.ddb.de abrufbar.

Bibliographic Information published by Die Deutsche Bibliothek

Die Deutsche Bibliothek lists this Publication
in the Deutsche Nationalbibliografie;
detailed bibliographic data is available in the Internet at
http://dnb.ddb.de .

ISBN 3-8169-2280-5

2. Auflage 2004
1. Auflage 2001

Bei der Erstellung des Buches wurde mit großer Sorgfalt vorgegangen; trotzdem kö
Fehler nicht vollständig ausgeschlossen werden. Verlag und Autoren können für fehler
Angaben und deren Folgen weder eine juristische Verantwortung noch irgendeine Haf
übernehmen.
Für Verbesserungsvorschläge und Hinweise auf Fehler sind Verlag und Autoren dankl

© 2001 by expert verlag, Wankelstr. 13, D-71272 Renningen
Tel.: +49(0)7159-9265-0, Fax +49(0)7159-9265-20
E-Mail: expert@expertverlag.de, Internet: www.expertverlag.de
Printed in Germany

Das Werk einschließlich aller seiner Teile ist urheberrechtlich geschützt. Jede Verwer
außerhalb der engen Grenzen des Urheberrechtsgesetzes ist ohne Zustimmung des Ve
unzulässig und strafbar. Dies gilt insbesondere für Vervielfältigungen, Übersetzur
Mikroverfilmungen und die Einspeicherung und Verarbeitung in elektronischen System

Vorwort

Erfolg ist das Ergebnis zielgerichteten Denkens und Handelns. Ziele sind geistige Linien, die uns dahin führen, wo wir ankommen wollen. Sie sind eine auf den Punkt zentrierte Kraft. Sie sind Maße, Größen, voraus geplante Ereignisse. Das Bedürfnis zu bewerten, zu aktivieren und zu entscheiden wächst. Ziele sind festgelegte Strukturen, Antrieb, sind Wege, die zum Erfolg führen. Viele Menschen verwechseln Träume, Wünsche und gute Gewohnheiten mit Zielen. Oft fehlt der Zeitpunkt, bis wann diese Vorstellungen erfüllt werden sollen. In vielen Seminaren antworteten etwa 90 Prozent aller Teilnehmer auf die Frage: „Hat jeder Mensch Ziele?" mit „Ja". Dagegen zeigte sich, dass nur etwa 10 Prozent der Teilnehmer echte Ziele hatten. Ziele sind in eine Zeitspanne eingebettet. Sie haben somit einen Anfang und ein Ende.

Ziele zu entwickeln, verlangt systematisches, konzeptionelles Denken. Dabei sind alle geistigen Kräfte auf einen Punkt konzentriert. In uns werden jene Bilder visualisiert, die eine Welt spiegeln, in der wir leben möchten. Über die Vorstellungskraft, die mit dem Erfassen von Zielen entsteht, werden Energien gebündelt. Diese führen zu einem motivierenden Handeln. Zielmanagement, konsequent betrieben, ist eine Auseinandersetzung mit den eigenen Werten und Bedürfnissen. Visionen entstehen, und imaginäre Kräfte verbinden das Bewusstsein mit dem Unterbewusstsein. Geistige und emotionale Energien führen uns zu gewolltem Handeln und den daraus resultierenden Erfolgen. Neue Ziele entstehen. Es zeigt sich, dass Menschen, die konkret mit Zielen arbeiten, auch erfolgreich sind. Die Erfolgsquote liegt über 90 Prozent.

Ein wesentliches Ziel aller unserer zukunftsorientierten Denkprozesse muss es sein, die Gegenwart intensiv zu erleben. Freude und Spaß in den alltäglichen Prozessen zu finden, wird jene positive Motivation in uns auslösen, um die uns übertragenen Pflichten gerne zu erfüllen und die Zukunft zu gestalten.

Das Hier und Jetzt bewusst zu erfahren, ist gelebtes Leben.
Das Buch ist eine praxisorientierte Anleitung. Es bietet Ihnen die Möglichkeit, Ihren bisherigen Umgang mit Zielen, der Zeit und dem willentlichen Bestreben nach Erfolg zu überprüfen und entsprechende Entscheidungen und Maßnahmen zu entwickeln. Sein Inhalt ist realistisch, logisch und fordernd ausgerichtet. Sie werden Wege erkennen, Ihre Zukunft zu planen und zu gestalten. Erfasst sind die private Sphäre, der persönliche berufliche Bereich und die Arbeit mit Unternehmenszielen.

Eine gute Hilfe sind die Arbeitsblätter, die Sie am Ende der Kapitel finden. Sie haben die Möglichkeit, Ihre Gedanken zukunftsorientiert zu strukturieren und zu visualisieren. Mit Hilfe der Arbeitsblätter entwickeln Sie Klarheit in den Fragen, die Ihnen wichtig sind. Die Fragen führen zu notwendigen Entscheidungen. Sie werden dabei feststellen, wie Sie bis heute mit Ihren Ressourcen umgegangen sind.

Je schwerer es Ihnen fällt, die Fragen auf den Arbeitsblättern zu beantworten, um so konsequenter sollten Sie sein. Wenn Sie bewusst mit Zielen arbeiten, werden positive Veränderungen Ihr Leben begleiten.

Bedanken möchte ich mich bei all den Menschen, die zum Gelingen dieses Buches beigetragen haben. Mein besonderer Dank gilt Frau Sabine Köhler und Herrn Dr. Siegfried Maier, die beide wesentlichen Anteil an der Qualität dieses Buches haben. Einen herzlichen Dank auch an meine Frau Brigitte, die mich immer wieder liebevoll bei meiner Arbeit unterstützt.

Lampertheim, im Frühjahr 2001   Volkmar Stangier

Inhalt

Vorwort   1

1 Was Ziele bewirken   5
1.1 Ein Leben mit und ohne Ziele   5
1.2 Träume, Wünsche, gute Gewohnheiten   14
1.3 Die Bedeutung der rechten und linken Gehirnhälfte   18
1.4 Gedanken und Sprache   28
    Kräfte der Fremd- und Selbstbeeinflussung
1.5 Ziele, Planung und Kontrolle   43
1.6 Formen der Ziele   48

2 Ziele und das Phänomen Zeit   52
2.1 Zeitmanagement   52
2.2 Zeit als Stressfaktor   56
2.3 Warum haben Erwartungen Einfluss auf meinen Erfolg   59
2.4 Vergangenheit, Gegenwart, Zukunft   62

3 Ziele im Persönlichkeitsbereich   82
3.1 Die persönliche Evolution   82
3.2 Eigenverantwortung, Selbstbestimmung   85
3.3 Selbstverwirklichung, Selbstwertgefühle, Selbstbewusstsein   88
3.4 Umgang mit Konflikten   94
3.5 Umgang mit spirituellen Lebensfragen   106
3.6 Umgang mit Misserfolgen und dem eigenen Versagen   107

4 Ziele im Beruf — 113

4.1 Situationsanalyse — 113
4.2 Selbstwahrnehmung, Fremdwahrnehmung — 117
4.3 Erfolg im Beruf - Das Gesetz des Handelns — 132
4.4 Der Mut zu Veränderungen — 142
4.5 Weiterbildung - Investition in die Zukunft — 145

5 Ziele im Unternehmensbereich — 151

5.1 Unternehmerisches Denken und Handeln — 152
5.2 Produktion - Wertschöpfung — 160
5.3 Nachgeschaltetes Markt - Marketing — 165
5.4 Kundenorientierte Verkaufspsychologie — 172
5.5 Unternehmerische Zukunftsperspektiven — 184
5.6 Ist - Soll - Vergleich — 188
5.7 Kurz-, mittel-, langfristige Unternehmensziele — 191
5.8 Qualitätsmanagement — 194
5.9 Projektmanagement, Werkzeug für Zielrealisierung — 204
5.10 Visionen — 211
5.11 Kreatives Denken und Handeln — 214

Aufruf — **219**
Literaturverzeichnis — 220

1. Was Ziele bewirken

Das Wort „Ziel" ist mit einer magischen Kraft besetzt. Auch dann, wenn wir uns dessen nicht bewusst sind, entsteht mit der Bildung von Zielen im Menschen ein Prozess, der sich auf rationaler Ebene nicht immer erklären lässt. Nicht von ungefähr wird häufig behauptet, dass das Leben eines Menschen nur dann einen Sinn hat, wenn er sich zukunftsorientiert Ziele setzt, und diese entsprechend verfolgt, eventuell auch zusammen mit anderen.

1.1 Ein Leben mit und ohne Ziele

Bei der Entwicklung Ihrer Ziele ist es wichtig, dass Sie sich über Visionen alle Veränderungen vorstellen, die mit dem Erreichen dieser Ziele entstehen. Je deutlicher und klarer Sie diesen inneren Visualisierungsprozess durchführen, um so intensiver und stärker entwickeln Sie in sich eine geistig seelische Grundeinstellung, die auch Lust und Freude an Veränderungen auslösen wird.

Beispiel: In einer Marketingabteilung wird gemeinsam mit dem Verkauf, der Forschung und der Anwendungstechnik das Ziel festgelegt, ein neues Produkt zu entwickeln. Dann werden mit diesem Ziel Vorstellungen realisiert, die zu dem Produkt führen. Viele Informationen und Erfahrungen werden berücksichtigt. Vorschläge aus den verschiedenen Bereichen, Veränderungen am Produkt und an der Verpackung werden zu einem Ziel geeint. Dieser Prozess ist für alle beteiligten Personen ein natürlicher Vorgang. Was jedoch oft fehlt, ist ein weiterer Schritt. Nämlich die Vorstellung, wie das Produkt in seiner gesamten Qualität den Verbraucher ansprechen wird, den Absatz und Umsatz verändert, mehr Gewinn erwirtschaftet und zum motivierenden Erfolg wird. Diese bis ins letzte Detail definierten Ereignisse werden kreative Kräfte entwickeln. Kräfte, die Ihnen helfen, Schwierigkeiten und Hindernisse zu überwinden, um letztendlich das Ziel zu erreichen.

☐ **Ziele entfalten in uns ein Denken in Lösungen.**

Probleme und Schwierigkeiten erhöhen unsere Kreativität. Dadurch werden Wege entdeckt, die zur Realisierung des Erfolgs führen.

Die Fähigkeit des Menschen, Ereignisse im Voraus so zu erdenken, nennt man Imagination.

☐ **Imagination ist die Fähigkeit des Menschen, sich Ziele so vorzustellen, als seien sie bereits erreicht.**

Jedes Ziel, sei es im privaten Bereich oder in der Berufswelt, bedarf neben einer ganz klaren Definition noch einer konkreten Planung. In dieser werden bereits im Vorfeld eventuell auftretende Schwierigkeiten erfasst und Wege und Mittel zu deren Überwindung aufgezeigt.

Erst dann, wenn Sie Ihre Ziele mit der entsprechenden Sorgfalt transparent gemacht haben, wird das Gesetz der imaginären Kraft erfüllt. Das bedeutet, dass Sie Ihr Ziel mit dem inneren Auge schon jetzt so sehen, wie es zum erreichten Zeitpunkt sein soll.

Wenn Sie das Vorgehen erfolgreicher Menschen analysieren, werden Sie feststellen, dass der Erfolg dieser Persönlichkeiten imaginär beeinflusst wurde. Mit klar definierten Zielen laufen unbewusst psychologische Prozesse ab, die uns helfen, intuitiv richtige Entscheidungen zu treffen und in uns Vorfreude und Kraft auslösen.

Die Aussage sehr erfolgreicher Menschen, dass sie oft gefühlsmäßig entscheiden, bedeutet nichts anderes, als dass im Unbewussten klar umrissene Ziele programmiert sind. Die Fähigkeit, die Zukunft zu visualisieren, führt uns zu richtigen Entscheidungen und konsequentem Handeln. Visionen werden zur Realität.

☐ **Ein großer Teil sehr erfolgreicher Personen entscheidet intuitiv richtig.**

Es gibt viele Gründe, die für präzise Zieldefinitionen sprechen. Der entscheidende Faktor ist dabei die Fähigkeit des Menschen, imaginär zu denken, sein Unbewusstes mit dem zu erreichenden Ziel zu programmieren.

Jeder Gedanke, der von Emotionen getragen wird, ist eine Botschaft vom Bewusstsein über das Unterbewusstsein in das Unbewusste. Hier haben unsere elementaren Kräfte das Bedürfnis sich zu verwirklichen.

Die drei Bewusstseinsebenen der menschlichen Psyche

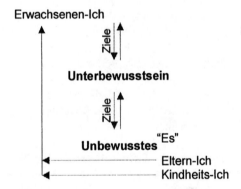

Wer, in die Zukunft gesehen, erfolgreich sein will, muss in der Gegenwart, das heißt bereits jetzt, die Zukunft imaginär erleben und entsprechend handeln. Das verlangt von uns

☐ **Ziele zu haben, den Weg zu planen, Kontrolle zu entwickeln, Alternativen aufzuzeigen.**

Dazu brauchen wir

☐ **Mut, Willen, Begeisterung, Phantasie, Kreativität, Visionen, Durchhaltevermögen.**

Sich mit Zielen zu beschäftigen, sie zu konkretisieren und nach Möglichkeit auch schriftlich zu fixieren, löst bei der betreffenden Person folgende Prozesse aus:

1. Die Identifikation mit dem Ziel nimmt zu

In der Psyche des Menschen entwickelt sich mit der zunehmenden Beschäftigung mit dem Ziel eine verstärkte Bindung und Identifikation. Voraussetzung für diese innere Verbundenheit ist die Bereitschaft, sich gerne mit dem Thema auseinandersetzen zu wollen. Davon ausgehend, dass angestrebte Ziele sich motivierend auswirken, werden Phantasie, Kreativität und schöpferisches Handeln angeregt.

2. Die bildhafte Vorstellung des Ziels

Der Mensch denkt sehr häufig in Bildern. Bewusst oder unbewusst entwickeln Gedanken und die Sprache bildhafte Vorstellungen. Diese Tatsache können Sie auf eine ganz einfache Weise kontrollieren. Konzentrieren Sie sich bitte auf die fünf folgenden Begriffe. Dabei werden Sie ein inneres Auge in sich aktivieren und gezielt Bilder wahrnehmen.

Vorgesetzter, Sekretärin, Gehalt, Freunde, Ferrari.
Die Gesetzmäßigkeit des inneren Sehens können wir uns über verschiedene Übungen bewusst machen und somit die persönliche Beeinflussung von willentlich gelenkten Gedanken verstärken. Sie kennen die Aussage: „Ein Bild sagt mehr als tausend Worte." Sich mit Zielen intensiv zu beschäftigen, die Schritte und die Erreichung des Zieles bewusst sehen zu wollen, kann auch als „Filmmethode" definiert werden.

3. ABC-Prioritäten festlegen

Aus der allgemeinen Marketingsprache sind uns die Definitionen von ABC-Produkten und ABC-Kunden bekannt. A-Produkte z.B. sind die Erzeugnisse, die anteilmäßig nur etwa 20 bis 30 % der Produktpalette erfassen, aber etwa 80 % des Geschäftsumsatzes bewirken. Das besagt, dass A-Produkte entscheidenden Einfluss auf die zu bewegenden Mengen haben.

Aus dieser Perspektive sind auch A-Ziele zu sehen. Das heißt, dass ein A-Ziel mein Leben wesentlich beeinflussen wird. Beispiel: Für eine Familie, die sich entscheidet, ein Haus zu bauen, einen Umzug in eine andere Stadt durchzuführen, oder wenn zwei Menschen beschließen eine Heirat einzugehen, werden mit der Realisierung dieser Ziele deutliche Lebensveränderungen bewirkt. Das gleiche gilt für ein Studium oder einen Arbeitsplatzwechsel.

B-Ziele sind angestrebte Veränderungen, die einen weniger starken Einfluss auf unser Leben nehmen: die Anschaffung eines neuen Autos, die Renovierung einer Wohnung, der Kauf neuer Möbel, kurzfristige Weiterbildungsmaßnahmen, wie die Vertiefung einer Fremdsprache, Computerlehrgänge usw.

C-Ereignisse sind Geburtstagsfeiern, Urlaubsreisen, neue Kleidung, sportliche Betätigungen und andere gezielt ausgerichtete Freizeitbeschäftigungen.

4. Sich vor Zeitdieben schützen, keine Zeit vergeuden
Ziele lösen bei Menschen ein bestimmtes Handeln aus. Dieses Handeln ist auf einen Punkt ausgerichtet und entwickelt automatisch das Bedürfnis, diesen Punkt auf dem kürzesten Weg zu erreichen. Angenommen, es ist Ihnen zu einer angenehmen Gewohnheit geworden, öfter mit Geschäftskollegen nach Feierabend einen Kaffee oder ein Bier zu trinken, ein Eis zu essen oder eine sportliche Veranstaltung zu besuchen. Sie werden diese lockeren Gewohnheiten sofort verändern, wenn Sie sich entschlossen haben, auf der Abendschule viermal in der Woche abends einen Sprachkurs zu absolvieren. Die gleiche Wirkung entwickeln täglich wiederkehrende Arbeiten, wenn wir diese zu Zielen definieren. Unser Arbeiten werden effektiver und rationeller.

5. Mit weniger Einsatz mehr erreichen
Klar definierte Ziele lösen nicht nur ein strukturiertes Denken, sondern auch ein konzeptionelles Handeln aus. Auf diese Weise ent-

wickeln wir in uns einen Automatismus, der unsere Aktivitäten lenkt und rationell beeinflusst.

6. Kräfte und Energien kanalisieren
Ziele lösen in uns eine verstärkte Motivation aus. Voraussetzung ist jedoch, dass die Ziele realistisch und überschaubar sind. Diese helfen Schwierigkeiten zu überwinden und Hindernisse zu beseitigen. Zum Beispiel: Ein Manager hat das unternehmerische Ziel, in Singapur eine Auslandsvertretung aufzubauen. Mit diesem Ziel werden alle aufkommenden Schwierigkeiten und eventuelle Misserfolge mit einem Selbstverständnis angenommen und überwunden. Zeitverzögerungen werden akzeptiert und nach Möglichkeit ausgeglichen.

7. Ruhe und Gelassenheit
Konkret entwickelte Ziele lösen in uns Sicherheit und Überzeugung aus. Mit diesen Gefühlen empfinden wir zugleich Ruhe und Gelassenheit. Das Ziel wird zum Weg, der uns führt und lenkt.

8. Eu-Stress produzieren und Dys-Stress vermeiden
Wir können zwei Formen von Stress unterscheiden:
Eu-Stress sind alle Empfindungen bzw. emotionale Erlebnisse, die in uns Energien entfalten, bzw. Wohlempfinden auslösen. Dazu gehören Erfolge, Überwindung von Schwierigkeiten, motivierende Gespräche, das Bewusstsein in der Zielverfolgung weiter zu kommen.
Dys-Stress ist im Gegensatz zu Eu-Stress ein Erleben, das in uns Unwohlsein, sich schlecht fühlen, Missempfinden und Demotivation auslöst.
Es zeigt sich in Lustlosigkeit, Frust, Angst zu versagen, Resignation, Depression. Diese Empfindungen werden durch Verfolgen von festgelegten Zielen vermieden. Auch die Angst vor Misserfolgen bleibt aus.

9. Kontrollmöglichkeiten

Ziele sind Vorgaben. Sie erfassen Maße und Zeitspannen und können somit ständig kontrolliert werden. Die Zielerreichung wird messbar. Zum Beispiel: Sie haben das Ziel, zu einem bestimmten Zeitpunkt mit bestimmten Personen an einem bestimmten Ort zu sein. Jede Abweichung wird somit messbar.

10. Rückblick

Nachstehend finden Sie Fragen, die Ihnen die Möglichkeit geben, Ihr bisheriges Zielmanagement zu überprüfen. Stellen Sie fest, welche Gedanken und Stimmungen die Fragen bei Ihnen auslösen.

Wollen Sie in Ihrem Leben etwas verändern?

☐ ja   ☐ nein

Warum wollen Sie etwas verändern?

_____
_____
_____

Wie oft haben Sie sich in der Vergangenheit mit Zielen beschäftigt?

☐ oft   ☐ manchmal   ☐ selten   ☐ nie

Was verstehen Sie unter Zielen?

_____
_____
_____
_____
_____

Wo begegnet Ihnen das Thema „Ziele"?

☐ Im Beruf   ☐ Im Unternehmen   ☐ Im Privatbereich

Hatten Sie in der Vergangenheit Ziele?

☐ ja   ☐ nein

Wie bewusst sind Sie in der Vergangenheit mit Zielen umgegangen? Versuchen Sie sich zu erinnern und halten Sie Ihr gedankliches Ergebnis schriftlich fest.

_____

_____

_____

_____

_____

Waren die Ziele schriftlich festgehalten?

☐ ja   ☐ nein

Hatten diese Ziele einen Endtermin?

☐ ja   ☐ nein

Wie viele Ihrer Ziele aus der Vergangenheit haben Sie realisiert?

☐ hatte keine Ziele   ☐ alle   ☐ wenige   ☐ keine

Halten Sie sich für erfolgreich?

☐ ja   ☐ nein

Schreiben Sie aus den vergangenen Jahren sieben Erfolgserlebnisse auf:

_____
_____
_____
_____
_____
_____
_____

Wollen Sie in Ihrem Leben etwas verändern?

☐ ja   ☐ nein

Was wollen Sie verändern?

_____
_____
_____
_____

Warum wollen Sie etwas verändern?

_____
_____
_____
_____

1.2 Träume, Wünsche, gute Gewohnheiten

Im Durchschnitt liegt der Prozentsatz der Menschen, die Ziele haben, bei etwa 5 %. Alle anderen haben Träume, Wünsche und sehr viele gute Gewohnheiten. Bitte prüfen Sie sich, wie oft Sie sich in den unterschiedlichen Empfindungen aufhalten.

Träume

Wir kennen zwei Formen von Träumen. Da ist der Nachttraum, der uns im Schlaf begleitet, und der Tagtraum, mit dem wir innere Sehnsüchte fiktiv durchdenken. Diese Träume sind ein gedanklich emotionales, feines Erleben, das wir sehr ernst nehmen sollten. Es sind oft wenig konkrete, andererseits aber doch wiederum gut erkennbare Visionen, die uns etwas sagen möchten. Bei vielen Menschen werden diese Gedankenspiele im Laufe der Zeit zu Zielen, die sich dann verwirklichen.

Als erwachsene Menschen haben wir oft verlernt, unsere Träume Ernst zu nehmen, sich mit ihnen auseinander zu setzen und sich die Frage zu stellen: „Warum habe ich oft denselben Traum?" Bitte beobachten Sie sich und stellen Sie fest, welche Tagträume Sie haben. Machen Sie daraus Ziele.

Wünsche

Der Wunsch hat wesentlich stärkere Konturen als der Traum. Sie kennen die Frage, z. B. zum Geburtstag, zur Hochzeit oder zu einem Jubiläum: „Was wünschst du dir?" Häufig fängt der Gefragte dann an nachzudenken, was er gebrauchen könnte. Somit können wir festhalten, dass der Wunsch das Bedürfnis nach etwas ist, das wir kurzfristig erfüllen können. Voraussetzung ist jedoch, dass wir es auch wirklich wollen. Der Unterschied zwischen Wunsch und Ziel ist der Schritt der inneren Entscheidung. In dem Moment, in dem ich beschließe, meinen Wunsch bis zu einem bestimmten Zeitpunkt zu realisieren, liegt ein klar definiertes Ziel vor.

Gute Gewohnheiten
Jeder Mensch hat sowohl gute Gewohnheiten, als auch solche, die es verdienen, verändert und verbessert zu werden. Zu den guten Gewohnheiten gehört z. B. für viele Menschen, morgens früh aufzustehen, sich sinnvoll auf den Tag vorzubereiten, pünktlich am Arbeitsplatz zu erscheinen und tagsüber willentlich fest umrissene Arbeitsprozesse zu beeinflussen. Sicherlich gibt es viele Menschen, für die ein solcher Tagesablauf ein Muss ist. Der wesentlich größere Teil der arbeitenden Bevölkerung erfüllt seinen Beruf gerne und sinnvoll. Diese an vielen Stellen festgelegten Verhaltensweisen sind gute Gewohnheiten. Das, was gut ist, ist für uns oft eine Selbstverständlichkeit. Viele Menschen sind fleißig, ordentlich und fair. Trotzdem erfahren sie keine glücklich machende Eigenmotivation. Der Grund hierfür ist die Tatsache, dass die vielen positiven, immer wiederkehrenden Tagesereignisse nicht zu Zielen definiert sind. Diese können z. B. sein: Lust auf Arbeit, Freude an der Kommunikation im Team, kein Mobbing, auf die Qualität der Leistung zu achten usw.

Stellen Sie sich bitte die Fragen:

- „Was ist gut in meinem Leben, und was ist davon für mich so wichtig, dass ich es zu Erhaltungszielen erheben werde?"
- „Welchen Einfluss haben diese Gegebenheiten auf die derzeitige Qualität meines Alltags?"
- „Welche Wertigkeit nehmen sie ein?"

❐ **Warum muss dem Menschen erst etwas genommen werden, damit er begreift, was wertvoll und auch sinnvoll in seinem Leben ist?**

Entwickeln Sie aus Ihren guten Gewohnheiten Ziele. Seien Sie bereit, in diese Erhaltungsziele zu investieren. Aus Gewohnheiten Ziele zu machen, ist ein wunderbarer Weg, sein Bewusstsein für das eigene Verhalten zu erhöhen und eine starke Motivation zu erfahren. Viele Menschen brauchen nicht ihr Leben zu verändern,

sondern ihr Bewusstsein. Das erreichen sie über die Definition von Zielen. Die Lust und die Freude am Leben nimmt zu.
Beispiele: Ich habe liebenswerte Kollegen. Das Unternehmen zeigt viele umweltfreundliche Aspekte. Ich lebe in einer intakten Familie. Ich bin gesund.
Mit den folgenden Fragen können Sie Ihre bisherigen Träume, Wünsche und guten Gewohnheiten überprüfen.

Ihre Träume
Schreiben Sie Ihre Träume auf.
Wovon träumen Sie?

_____
_____
_____

Wie lange haben Sie diesen Traum schon?

_____
_____
_____

Was will Ihnen dieser Traum sagen?

_____
_____
_____

Bis wann können Sie ihn evtl. verwirklichen?

_____
_____
_____

Schreiben Sie alle Ihre Wünsche auf und bewerten Sie diese je nach Bedeutung mit Kreuzen:
wichtig 1+, sehr wichtig 2+, Wünsche, die Sie auf jeden Fall realisieren wollen 3+.
Welche Wünsche haben Sie?

___

___

___

Wie wichtig sind Ihnen diese Wünsche?

___

___

___

Wie können Sie die Wünsche verwirklichen?

___

___

___

Wer kann helfen?

___

___

___

Ihre guten Gewohnheiten
Schreiben Sie wenigstens zehn gute Gewohnheiten auf und entwickeln Sie daraus Ziele.

Zehn gute Gewohnheiten

___

___

___

Was bewirken diese guten Gewohnheiten in Ihrem Leben?

_____

_____

_____

Was passiert, wenn Sie diese aufgeben?

_____

_____

_____

Was werden Sie ab sofort investieren um sie zu erhalten?

_____

_____

_____

Was haben diese Fragen bei Ihnen ausgelöst?
Welche Konsequenzen werden Sie daraus ableiten?

_____

_____

_____

1.3 Die Bedeutung der rechten und linken Gehirnhälfte

Das Gehirn
Bei der Betrachtung des Menschen sprechen wir von einer Dreiteilung, nämlich von Geist, Seele und Körper. Der geistige Bereich im Menschen wird dem Kopf zugeordnet. Hier wiederum unterscheiden wir zwischen der rechten und der linken Hirnhälfte.

Rechte und linke Gehirnhälfte
Die beiden Hirnhälften sind durch das Gewebe Corpus callosum verbunden. Nach wissenschaftlichen Erkenntnissen besteht dieses Gewebe aus über zweihundert Millionen einzelner Fasern. Jede dieser Fasern überträgt pro Sekunde etwa zwanzig Impulse von der einen Hälfte zur anderen. Die Meinung, dass die linke und rechte Gehirnhälfte getrennt arbeiten, ist seit langem nicht mehr zu halten. Hier funktioniert ein Kommunikationssystem, das in seiner Brillanz durch nichts zu übertreffen ist.

Rechte Gehirnhälfte
Die rechte Gehirnhälfte steuert die Bewegungen unserer linken Körperseite. Sie ist für den intuitiven Part verantwortlich. Dort werden alle Eindrücke aufgenommen, Beziehungen hergestellt und ein gesamtheitliches Verständnis entwickelt. Die von der rechten Gehirnhälfte gelenkten Entscheidungen sind Empfindungen und Vorahnungen, die wir auch als den 6. Sinn bezeichnen.
Die rechtsseitige Hirnhälfte ist verantwortlich für das Spontane und Gefühlsbetonte. Sie ist in der Lage, Situationen global zu erfassen, hat den Sinn für Räumliches und reagiert ganzheitlich. Sie ist die Hälfte in uns, die in Gefühlen denkt und in Bildern sieht. Im Gegensatz zur linken Gehirnhälfte verfügt sie nur über sehr wenig Sprachvermögen. Informationen werden von der rechten Hirnhälfte auf eine umfassende situative Weise wahrgenommen und visuell angelegt. Die rechte Hirnhälfte ist die emotionale Seite, in der auch unsere Ängste, Hemmungen und Komplexe verborgen liegen. Hier werden Kreativität, ästhetisches Empfinden, künstlerisches Schaffen, Inspiration und der Sinn für alles Schöne und Ablehnende geboren. Die rechte Hirnhälfte mit ihrem intuitiven Vermögen ist der Quell für alles spontane und intuitive Denken und Handeln. Viele Entscheidungen basieren auf dieser inneren Intelligenz.

Linke Gehirnhälfte
Die linke Gehirnhälfte steuert alle rationalen Bewertungen und Beurteilungen. Probleme werden eher linear, Schritt für Schritt, betrachtet. In dieser Hirnhälfte werden jene Entscheidungen getroffen, die logisch, klar und im Konsens zur jeweiligen Situation stehen. Wir beurteilen diese Entscheidungen oft als ein gutes Urteilsvermögen. Hier werden die Worte logisch zu Sätzen zusammengefügt, mit denen wir eigene Wahrnehmungen und Bewertungen ausdrücken.

Die linke Hirnhälfte bedeutet analysieren, zerlegen, konstruieren, systematisieren, rationale Erwägungen anstellen, ins Detail gehen, scharfe Konturen erkennen, präzise sein, geordnet denken. Eine funktionierende linke Hirnhälfte leistet eine Arbeit, die durchdacht ist, vernünftig wirkt und erklärt werden kann. Die linke Hirnhälfte ist im wesentlichen zuständig für unser Sprachverhalten. Logik, in Komplexität Denken und das Ergebnis dieses Prozesses klar zu formulieren, wird von der linken Hirnhälfte gesteuert.

Interessant ist die Tatsache, dass der Mensch zwar beide Hirnhälften benutzt, doch häufig ist die eine Hälfte für die Ausführung bestimmter Funktionen besser ausgerichtet als die andere. Die jeweilige Dominanz beeinflusst unser Denken und Handeln. So werden zum Beispiel Menschen, die beruflich sehr stark mit Zahlen und Werten von Zahlen zu tun haben und daraus Schlüsse ziehen, wesentlich mehr mit der linken Hirnhälfte arbeiten.

Es ist wichtig, dass der einzelne Mensch so viel analytisches Bewusstsein entwickelt, um die Dominanz seiner linken oder rechten Gehirnhälfte zu erkennen. Aus dieser Erkenntnis heraus wird er die Kompetenzen der anderen Gehirnhälfte trainieren, entwickeln und ihrer Natur entsprechend nutzen.

Seien wir bereit, bei schwierigen und wichtigen Entscheidungen unsere beiden Hirnhälften zu benutzen, das heißt, die rechte Hirn-Hälfte für die Intuition und die linke Hirnhälfte für die Logik.

Beispiel: Sie wollen sich beruflich verändern und haben die Möglichkeit, zwei unterschiedliche neue Aufgabengebiete zu übernehmen. In der einen Firma wird Ihnen mehr Geld geboten, in der anderen Firma besteht für Sie die Möglichkeit, höhere Verantwortung zu übernehmen. Logisch und emotional arbeiten Sie, wenn Sie sich nicht nur von den äußeren Rahmenbedingungen beeinflussen lassen, sondern sich auch die Frage stellen, welchen Arbeitsplatz Sie auch noch in fünf Jahren erfüllen wollen. Über diese Frage werden Sie auch eindeutig Ihre Gefühle aktivieren. Nicht alleine das Geld oder andere zunächst erkennbare Vorteile sind verantwortlich für Ihre Entscheidung.

Sehr fähigen Managern wird unterstellt, dass sie intuitiv richtig entscheiden. Es ist sicher sinnvoll, öfter dieser inneren Intelligenz zu folgen. Diese richtigen spontanen Entscheidungen sind sehr oft in einer entspannten Lebenssituation zu erfahren. Sie resultieren nicht selten aus den vorausgegangenen, gesammelten und durchdachten Informationen und Erfahrungen, mit denen sich die linke Hirnhälfte beschäftigt hat. In diesem Zusammenhang wird die linke Hirnhälfte oft überbewertet, dagegen wird die rechte Hirnhälfte, die intuitive Seite, in unserer Erziehung und Ausbildung oft zu wenig entwickelt und trainiert. In die Zukunft gesehen werden wir lernen müssen, beide Hirnhälften sinnvoll zu gebrauchen und ihre Fähigkeiten zielorientiert zu nutzen.

❐ **Wem das gelingt, der ist zu außergewöhnlichen Entscheidungen fähig und wird dementsprechend große Erfolge erzielen.**

Entscheidungen

Vielen Menschen wird nachgesagt, dass Sie keine Entscheidungen treffen können. Bei näherer Betrachtung ist diese Behauptung nur teilweise richtig. Die Schwierigkeit zu entscheiden steht häufig dann an, wenn es um wichtige Lebensfragen geht. Die Folgen der aus der Entscheidung resultierenden Veränderungen sind nicht überschaubar. Außerdem haben oft emotionale Bindungen einen wesentlichen Einfluss auf die fehlende Entscheidungsbereitschaft. Entscheidungen zu treffen bedeutet: selektieren, Prioritäten set-

zen, sich trennen müssen. Jedoch trifft der Mensch permanent Entscheidungen, ohne sich dessen bewusst zu sein.
Ich entscheide, wie ich mich kleide, in welches Lokal ich gehe, was ich esse, wen ich zu welchem Zeitpunkt besuche, wann ich Urlaub mache, ob ich einen Konflikt bereinige oder ertrage usw. Wichtig ist zu erkennen, dass wir bewusst oder unbewusst Entscheidungen treffen. Dabei können wir auch die eigentliche Aussage des Wortes „Entscheidung" wahrnehmen. Der Teil „Scheidung" bedeutet immer auch Trennung. Im Moment der Entscheidung habe ich z. B. bei Sachgegenständen eine bestimmte Auswahl getroffen. Werden Sie sich bewusst, dass Sie solche mentalen Prozesse permanent durchführen und dementsprechend auch eine große Erfahrung haben.

Richtige und durchdachte Entscheidungen
Richtige Entscheidungen zu treffen setzt voraus, dass es Alternativen gibt. Wir haben die Chance aus verschiedenen Möglichkeiten zu wählen. Dabei werden wir uns situativ für den Weg entscheiden, den wir in diesem Moment als den für uns günstigsten sehen. Die Gewichtung der Entscheidungen ist bei jedem Menschen anders. Gewohnheiten, Erziehung und gelebte Werte spielen dabei eine entscheidende Rolle. Die aus diesen Perspektiven getroffenen Entscheidungen müssen aber nicht immer die richtigen oder besten sein. Tatsache ist, dass wir die meisten Entscheidungen gewohnheitsmäßig treffen. Ihre Folgen lassen sich voraussagen und sind von geringer Tragweite. Gewohnheit besagt hier, dass wir eine einmal getroffene Entscheidung als sinnvoll erlebt haben, sie somit akzeptieren und in vergleichbaren Situationen wiederholen. Beispiele: immer wieder die gleichen Wege zu gehen, sich regelmäßig am Freitagabend mit Freunden zu treffen, immer die gleiche Zahnpasta zu benutzen, am Arbeitsplatz gewohnte Arbeitsmethodiken zu praktizieren, in Besprechungen möglichst nicht aufzufallen usw.
Kritisch betrachtet gibt es viele kleine Programme in uns, über die wir automatisch bestimmte Entscheidungen treffen. Ob jedoch die-

ses gewohnte Handeln immer nur positiv ist, sollten wir auf jeden Fall in gewissen Abständen in Frage stellen. Letztendlich gibt es gute Gewohnheiten und Gewohnheiten, die unseren persönlichen Lebenserfolg nicht fördern. Alle diese Entscheidungen treffen wir mit unserer rechten Hirnhälfte. Es sind oft aus dem Unterbewusstsein getroffene Verhaltensweisen. Häufig nützen wir solche Reaktionen in Gefahrenmomenten, in denen unsere Gesundheit gefährdet erscheint und wir sehr schnell reagieren. Darüber hinaus gibt es viele Entscheidungen, die abgewogen sein müssen.

Lösen wir uns von Entscheidungen aus Gewohnheiten und wenden wir uns hin zu den Lebensfragen, die für uns besonders wichtig sind. Gemeint sind vor allem die Lebensfragen, die größere Hindernisse aufzeigen und starke Veränderungen in unserem Leben bewirken. Diese Situationen verlangen von uns ernsthaft nachzudenken, bewusst und mit Verstand abzuwägen und die bestmögliche Entscheidung zu treffen. Beispiele sind: die Trennung aus einer Beziehung, Aufgabe des Berufes, eine Operation zuzulassen, andere Menschen unter eigenem großen Verzicht zu helfen. Alle diese Entscheidungen wollen durchdacht und die daraus resultierenden Veränderungen berücksichtigt werden.

Häufig ist es so, dass wir vom Gefühl und auch vom Verstand her spüren, dass eine Entscheidung getroffen werden muss. Wir erkennen jedoch, dass mit dieser Entscheidung große Veränderungen eintreten werden, die wir zukunftsorientiert nicht überschauen. Die Angst vor dem Ungewissen, aber auch die Befürchtung Fehler zu machen, lassen uns oft zögern. Ein von uns entwickeltes taktisches Abwarten wird möglicherweise als strategisch positiv empfunden. Daraus resultierend entwickeln wir eine Kunst den Problemen aus dem Weg zu gehen und lernen, in dieser schwebenden Situation zu leben. Das Schlimme an solchen Verhaltensweisen ist die Tatsache, dass sich der Mensch an diesen schwebenden Prozess gewöhnt. Er spürt nicht, dass ihm auf Grund der nicht getroffenen Entscheidung mehr und mehr die Chance des eigenen Handelns, Kraft, Mut und Motivation verloren geht. Sehr vitale Menschen können sogar in einen Aktivismus verfallen, der als unkontrolliertes Handeln erkennbar wird. Es ist ein bestimmtes Verhalten keine Entscheidungen zu treffen und eventuellen Konflikten aus dem Weg zu gehen.

Disziplin

☐ **Erfolgreich Entscheidungen zu treffen verlangt Disziplin. Sie ist eine Eigenschaft, die konträr zu der Bequemlichkeit des Menschen steht.**

Der Duden verbindet mit dem Wort „Disziplin" folgende Aussagen: Zucht, Drill, Ordnung, Moral, Erziehung. In diesen Begriffen erkennen wir auch Kräfte, die stark von außen auf uns gerichtet sind. Grundsätzlich stellen wir fest, dass die positive Seite der Disziplin in dem Maße zunimmt, wie wir sie aus eigenem Ermessen praktizieren. Zucht und Drill sind Worte, die wir in ihrer Bedeutung mehr oder weniger ablehnen. Andererseits spüren wir aber auch, dass es in bestimmten Lebensbereichen nicht ohne Zucht und Ordnung geht. Richtige und durchdachte Entscheidungen zu treffen sind die Folge disziplinierten Denkens und Handelns.

Es gibt in diesem Zusammenhang noch eine andere sehr interessante Aussage: Die Freiheit eines Menschen wächst mit der sich selbst auferlegten Disziplin. Dies bedeutet, dass wir mit einer uns freiwillig angeeigneten Disziplin an Freiheit und Selbstbestimmung gewinnen.

Mit Hilfe der folgenden Fragen können Sie ermitteln, wie Ihre linke bzw. rechte Gehirnhälfte genutzt wird. Stellen Sie Ihre Stärken und Schwächen fest.

Gehirnfunktionen
Wo liegen Ihre Stärken?
Linke Hirnhälfte:
Logik, rationale Bewertungen und Beurteilungen, analysieren, vergleichen, ins Detail gehen, Entscheidungen zeigen, gutes Urteilsvermögen

Privater Lebensbereich: Nennen Sie fünf bis sieben Beispiele

_____

_____

_____

_____

_____

Beruflicher Lebensbereich:
Nennen Sie fünf bis sieben Beispiele

_____

_____

_____

_____

_____

Rechte Hirnhälfte:
Intuition, Gefühle, Empfindungen, Eindrücke aufnehmen, gesamtheitliches Verständnis entwickeln

Privater Lebensbereich: Nennen Sie fünf bis sieben Beispiele

_____

_____

_____

_____

_____

Beruflicher Lebensbereich: Nennen Sie fünf bis sieben Beispiele

_____
_____
_____
_____
_____

Entscheidungen treffen
Lernen Sie Ihr Bewusstsein für Entscheidungen zu verbessern.
Wie wichtig sind Ihnen Entscheidungen?
Nennen Sie je 5 Beispiele:
Entscheidungen im Persönlichkeitsbereich:

_____
_____
_____
_____
_____

Entscheidungen im privaten Lebensbereich:

_____
_____
_____
_____
_____

Entscheidungen im beruflichen Lebensbereich:

_____

_____

_____

_____

_____

Können Sie nein sagen?
Nein zu Situationen im privaten Lebensbereich:

_____

_____

_____

Nein zu Situationen im beruflichen Lebensbereich:

_____

_____

_____

Was würden Sie gerne jetzt in Ihrem Leben entscheiden?
Im privaten Lebensbereich:

_____

_____

_____

Im beruflichen Lebensbereich:

_____

_____

_____

Was hält Sie ab es zu tun? Schreiben Sie auch die Gründe auf, bei denen Sie innerlich starke Widerstände spüren.

Im privaten Lebensbereich:

_____

_____

_____

Im beruflichen Lebensbereich:

_____

_____

_____

1.4 Gedanken und Sprache, Kräfte der Selbst- und Fremdbeeinflussung

Ziele sind auf den Punkt gebrachte Gedanken. Sie sind geistige Kräfte, die in uns Bilder und damit bestimmte Vorstellungen auslösen. Es muss Ihr Ziel sein diese schöpferischen Energien zu kanalisieren.

Auf Grund der Fähigkeit des Menschen Gedanken produzieren zu können, sind wir auch in der Lage geistige Kräfte zu entwickeln. Werden Sie sich bewusst, was die Aussage „Produktion von Gedanken" zu bedeuten hat.

Jeder Gedanke ist wie ein „Element" und somit etwas „Elementares." Die Summe dieser „Gedankenelemente" ergeben „Moleküle", die sich in Größe und Qualität unterscheiden. Ziele zu steuern bedeutet, willentlich die Elemente der Gedanken zu Molekülen des Erfolgs zusammenzuführen. Welch hohe Verantwortung wir uns selbst gegenüber haben, wird deutlich durch die Gewissheit, dass jeder Gedanke sich selbst verwirklichen will. Die eigenen Gedanken werden uns in Form von geistiger Kraft begleiten.

Eigenverantwortung und Selbstbestimmung verlangen von uns, dass wir lernen die Produktion unserer Gedanken zu kontrollieren und im Sinne eines erfolgreichen und glücklichen Lebens zu regulieren.
Wenn Sie sich jetzt die Zeit nehmen und über diese Gesetzmäßigkeit nachdenken, kommen Sie zwangsläufig zu der faszinierenden Feststellung, dass unser Leben im Wesentlichen von unseren geistigen Kräften bestimmt werden. Die Summe der Gedanken, die wir in der Vergangenheit hatten, sind mitentscheidend für unser heutiges Leben. Die geistigen Kräfte, die wir heute und morgen entwickeln, werden uns in das Zukünftige begleiten und unser Leben entsprechend mitbestimmen.
Betrachten Sie Ihre Gedanken als eine Quelle von Energie und Kraft. Dabei spielt die Qualität Ihrer Denkprozesse eine entscheidende Rolle. Sie können diese Tatsache mit Hilfe eines einfachen Beispiels an sich selbst testen und überprüfen.
Nehmen Sie jetzt eine Uhr mit Sekundenanzeige, setzen Sie sich entspannt auf einen Stuhl und entwickeln Sie maximal 30 Sekunden negative geistige Kräfte. Es spielt keine Rolle, ob Sie sich vorstellen, aus Versehen einen Menschen verletzt zu haben, einen Arbeitsunfall zu erleiden oder der Chef Ihnen sagt, dass er für die nächste Beförderung einen anderen Mitarbeiter vorgesehen hat.
Bitte entwickeln Sie auf keinen Fall mehr als 30 Sekunden diese bewusst negative Denkweise. Sie werden spüren, dass sich in Ihnen ein Unwohlsein ausbreitet, dass Sie eine Enge spüren, sich Ihr Atem beschleunigt und Sie auch andere unangenehme Empfindungen erkennen. Werden Sie sich bewusst, dass Ihr Denken eine Kraft ist, die auf Seele und Körper einwirkt.
Jetzt schauen Sie bitte wieder auf Ihre Uhr und konzentrieren Sie sich zwei Minuten lang auf eine schöne und attraktive Situation. Dies kann ein gutes Essen mit Freunden, ein Liegen und Genießen auf einer blühenden Wiese, ein Aufenthalt an einem Strand mit Sonne und Palmen oder ein schönes Gespräch mit einem Ihnen lieben Menschen sein.

Nach den zwei Minuten prüfen Sie Ihre Stimmung. Sie werden beobachten, dass Sie sich entspannt haben, Ruhe empfinden, Freude spüren, dass Ihr Atem ruhiger und tiefer wird und dass sich andere, Ihnen wohltuende Empfindungen, eingestellt haben.

- **Mit diesen beiden Versuchen ist erwiesen, dass Gedanken Kraft und Energie sind. Sie als Mensch haben die Chance, über Ihren Verstand und Ihre Willensbildung die Summe Ihrer Gedanken zu steuern und zu kontrollieren.**

Nachstehend finden Sie sieben Schritte, die Ihnen helfen, ein verbessertes Bewusstsein für Ihre Gedankenkräfte zu entfalten.

Erster Schritt: Prüfen Sie Ihre Gedanken. Stellen Sie fest, in welchen Lebensbereichen Sie sich wohl fühlen und an welchen Tagesplätzen Sie kritische bis pessimistische Gedanken haben. Welche mentalen Kräfte entwickeln Sie z. B. in Verbindung mit Ihrem Beruf, den Kollegen oder an Ihre Privatsphäre. Nachstehend finden Sie gebündelte Fragen, die Ihnen helfen eine sinnvolle Selbstkontrolle durchzuführen.

Zweiter Schritt: Beobachten Sie Ihre Gefühle in bestimmten Erlebnissituationen. Wie fühlen Sie sich z.B., wenn Sie mit Ihrem Lebenspartner über negative Ereignisse reden, oder bei Freunden über Ihren Job schimpfen? Beobachten Sie sich aber auch, wenn Sie mit Menschen zusammen sind, die in ihrem Denken und Handeln erfolgsorientiert auftreten. Sie werden im letzten Fall eindeutig eine Energiezunahme in sich spüren, die Ihnen hilft eigene Leistungen leichter zu erfüllen.

Dritter Schritt: Lernen Sie Ihre Gedanken willentlich zu steuern. Konzentrieren Sie Ihre geistigen Kräfte immer wieder auf die Dinge, die um Sie herum attraktiv und lebenswert sind. Lernen Sie über diesen Weg mehr und mehr Energie in sich aufzubauen. Hierbei spielt auch unser allgemeines Denken und Handeln eine entscheidende Rolle. Wenn Sie Ihr Bewusstsein für gelebte ethische und moralische Werte stärken, werden Sie auf diesem Wege Ihre Energie deutlich steigern können. Konzentrieren Sie sich auf die guten Verhaltensweisen von Kolleginnen und Kollegen, erkennen Sie bewusst die positiven Bedingungen im Privatbereich und führen Sie mit allen Menschen gute und wenn notwendig kritische, aber lösungsorientierte Gespräche.

Vierter Schritt: Prüfen Sie Ihre Kommunikation. Wie reden Sie? Sind Sie ein Mensch, der in Lösungen denkt, oder jemand, der mit Freuden nach Problemen sucht? Ein positiv ausgerichteter Mensch zu sein bedeutet nicht Schwierigkeiten und Problemen aus dem Weg zu gehen. Im Gegenteil. Wenn wir in Lösungen denken, bedeutet dies sich für den kreativen Weg aus der schwierigen Situation zu entscheiden. So zu denken bewirkt, dass wir veränderte, in Erfolg ausgerichtete Erwartungen auslösen. Diese Erwartungen sind dann grundsätzlich eine gewünschte Veränderung des momentanen ungewollten Zustandes.

Fünfter Schritt: Welches Verhältnis haben Sie zu anderen Menschen? Prüfen Sie, wie oft Ihnen andere Menschen vom Gefühl her im Weg stehen? Sollten Sie dabei beobachten, dass Sie diese Empfindung relativ häufig haben, dann verlangt dies von Ihnen, Ihre Betrachtungsweise gegenüber den Mitmenschen gravierend zu ändern. Das Leben lehrt uns: „Hasse Deine Mitmenschen, und sie werden dir alle im Wege stehen." Eine innere Ablehnung oder gar Hass gegenüber anderen Menschen bewirkt in uns eine Enge, die sich nachteilig auf unser normales Verhalten auswirkt. Ungewollte Zurückhaltung bis hin zur Aggressivität sind Ausdruck solch negativer Empfindungen. Personen, die solche stark ablehnenden Emotionen in Ihnen auslösen, haben wenigstens situativ auch Macht über Sie.

Es ist immer wieder festzustellen, dass Menschen ihr gewohntes Verhalten stark verändern, wenn Personen in ihr Umfeld treten, die sie ablehnen. Sie geben ihre Natürlichkeit auf oder sie finden sogar Gründe, den Ort des Geschehens möglichst schnell zu verlassen.

Bei einer näheren Betrachtung sollten Sie sich darüber klar werden: Die Menschen, die Sie ablehnen, nehmen häufig einen stärkeren Einfluss auf Ihr Leben, als solche, die Sie bejahen, die Ihnen etwas bedeuten. Mit dem Hintergrund, dass das Gute von uns mit einem Selbstverständnis wahrgenommen wird nehmen wir dagegen jede Form von Konflikten stärker wahr. Disharmonie und Ungereimtheiten mit anderen Menschen beschäftigen uns deswegen sehr intensiv und oft unnötig lang. Lassen Sie diese Denkprozesse nur bedingt zu. Treffen Sie Entscheidungen, suchen Sie Lösungen. Bauen Sie keine negativen Nester in Ihr Gedächtnis und Ihr Gefühlsleben.

Grundsatz für Sie:

- **Nehmen Sie den Menschen, die Sie negativ beeinflussen, die Macht.**

Über gezielte Denkprozesse aus dem Feindbild ein Gefühl der Akzeptanz zu entwickeln, ist ein Zugewinn an innerer Freiheit. Akzeptanz zu entwickeln bedeutet Ihren eigenen Fähigkeiten mehr Freiräume zu schaffen.

- **Kreativität, schöpferisches Denken, Visionen leben und motiviertes Handeln sind nur in einem harmonisierten Umfeld möglich.**

In der Vergangenheit wurde nichts von Menschen geschaffen, das nicht auch für Menschen war. Mit jedem Gegenstand, den Sie berühren und gebrauchen, partizipieren Sie von der Leistung anderer Personen. Lernen Sie dankbar gegenüber all den Menschen zu sein, die direkt oder indirekt Ihre Lebensqualität und Lebenskultur verbessern. Seien Sie bereit, Menschen, die anders sind und nicht Ihren Vorstellungen entsprechen, zu achten und zu respektieren. Wenn Sie dazu bereit sind, werden Sie sehr schnell eine deutliche Verstärkung Ihres Energiehaushaltes wahrnehmen. Emotionale Fehlinvestitionen und Fehlleitungen von innerer Kraft haben ein Ende.

Eine der wichtigsten geistigen Einstellungen in unserem Leben ist unsere Haltung gegenüber anderen Menschen. Weit über dreiviertel unserer Aktivitäten sind an andere Personen gebunden. Das Erreichen von Zielen ist nur mit ihrer Hilfe möglich. Wir leben in einem vernetzten System, in dem alles miteinander verbunden ist. Unser Leben wird erst dann erfolgreich und lebenswert sein, wenn wir dieses ungeschriebene Gesetz begreifen und akzeptieren. Es muss uns zu einem Bedürfnis werden mit unseren Nächsten gut auszukommen und korrekt und ehrlich mit ihnen umzugehen.

Sechster Schritt: Entwickeln Sie in sich das Bedürfnis, andere Menschen erfolgreich zu machen. Seien Sie bestrebt die Fähigkeiten und Kompetenzen anderer zu fördern, sie in ihrer Leistung zu unterstützen und Ihnen Hilfe zukommen zu lassen. Hierzu gehören z.B. Informationen, allgemeine, positiv ausgerichtete Gespräche, Lob und die Möglichkeit sie auf neue und verbesserte Wege aufmerksam zu machen.

Siebenter Schritt: Betrachten Sie Ihr eigenes Leben als einen einzigen Prozess des Lernens. Dieser Fortschritt wird immer dann am intensivsten stattfinden, wenn Sie schwierige Situationen annehmen, sie über Lösungsstrategien ändern und einen Zugewinn an Erfahrung spüren. Mit dieser Einstellung werden Sie Freude an dem täglichen „Chaos" und den vielen Herausforderungen finden und sich selbst in einen Energiezustand versetzen, der sie zu Leistungen und Erfolg führt.

Sie haben eine gute Möglichkeit einen Großteil Ihrer Denkprozesse zu beobachten, wenn Sie Ihr eigenes Sprachverhalten kontrollieren. So, wie Sie denken, so sprechen Sie auch. Oder aber: So wie Sie sprechen, so denken Sie. Denken und Sprechen oder Sprechen und Denken sind untrennbar miteinander verbunden.

**Bitte stellen Sie sich folgende Fragen:
Wie sprechen Sie über sich selbst?**

_____

_____

_____

Wie sprechen Sie über Ihren Lebenspartner?

_____

_____

_____

**Mit welchen Worten beurteilen Sie Kolleginnen,
Kollegen und Vorgesetzte?**

_____

_____

_____

Wie reden Sie bei Freunden von Ihrem Arbeitsplatz?

_____

_____

_____

**Was lassen Sie andere Menschen
von Ihrer Vergangenheit wissen?**

_____

_____

_____

Schätzen Sie, wie viele Ihrer Gesprächsanteile sind lebensbejahend und wie viele Anteile sind ablehnend?

_____

_____

_____

Werden Sie sich bewusst: Jedes Wort und jeder Satz sind in unserem Gehirn produzierte und nach außen hin transportierte geistige Kräfte.

❏ **Wenn Sie Ihre Gedanken auf einen bestimmten Punkt hin orientieren, das heißt, auf ein Ziel konzentrieren, können Sie jedes realistische Ziel erreichen.**

Seien Sie sich darüber im klaren, dass unkontrollierte Gedanken, über längere Zeit wachgehalten, genauso das Bestreben haben sich zu verwirklichen wie konkrete Zielgedanken.

So wie wir uns in der physischen Welt möglichst so verhalten, dass uns kein Schaden entsteht, sollten wir auch lernen, in der psychischen Welt, unserem geistigen Bereich, die gleiche Ordnung und Disziplin einzubringen. Zwingen Sie sich immer wieder auf den Pfad des bejahenden und positiven Denkens zurückzufinden. Verbieten Sie sich hässliche Gedanken wie Neid, Hass, Missgunst, Eifersucht, Ängste, Zweifel und die damit verbundenen zerstörerischen Gefühle.

Diese Analyse soll Sie in die Zukunft orientiert nicht abhalten, mit guten Freunden und auch anderen liebenswerten Menschen über schwere Stunden oder auch über Dinge zu sprechen, die Sie belasten. Schließlich wissen wir aus der Therapie, dass Sprechen immer auch ein Loslassen bedeutet, und dass wir so auch Erleichterung für unsere Psyche erhalten können.

❏ **Seine Gedanken zu zügeln und im Zaum zu halten, ist sicherlich so schwierig, wie eine Herde junger Fohlen für eine längere Weile zum Stillstehen zu zwingen.**

Prüfen Sie bitte Ihre Gedanken:
Sind Sie ein Mensch, der über sich selbst gut denkt?

_____
_____
_____

Trauen Sie sich etwas zu?

_____
_____
_____

Sind Ihre Gedanken aufbauend oder zerstörend?

_____
_____
_____

Welche Qualität hat Ihre Sprache?

_____
_____
_____

Wie reden Sie über Ihren Beruf, Ihre Familie, über andere Menschen?

_____
_____
_____

Ein verändertes Bewusstsein über die eigene Kommunikation bewirkt auch ein verändertes Bewusstsein unseres Denkens.
Auf dem folgenden Arbeitsblatt haben Sie die Möglichkeit die Qualität Ihres Denkens zu überprüfen. Beantworten Sie die gestellten Fragen nach bestem Wissen und Gewissen. Beantworten Sie sie

auch dann, wenn Ihre Angaben nur eine grobe Schätzung sind. Entscheidend bei der Beantwortung des Arbeitsblattes ist es, dass Sie über die Fragen nachdenken und Sie zukunftsorientiert Ihre Gedanken wenn nötig positiver ausrichten. Gedanken sind Energie. Über modernste Technologie sind mentale Kräfte messbar.

Der Mensch „produziert" im wachbewussten Zustand permanent Gedanken.

Welche positiven bzw. negativen Gedanken entwickle ich bezüglich?		selten	wenig	häufiger	ständig
meines Zuhauses?	positiv				
	negativ				
meines Arbeitsplatzes	positiv				
	negativ				
meiner Vorgesetzten?	positiv				
	negativ				
meiner Kollegen?	positiv				
	negativ				
meiner Mitarbeiter?	positiv				
	negativ				
meiner Fähigkeiten?	positiv				
	negativ				
meiner Vergangenheit?	positiv				
	negativ				

Welche positiven bzw. negativen Gedanken entwickle ich bezüglich		selten	wenig	häufiger	ständig
meiner Gegenwart?	positiv				
	negativ				
meiner Zukunft?	positiv				
	negativ				
Wie bin ich allgemein geistig orientiert?	bejahend				
	rfolgsorientiert				
	kreativ				
	zweifelnd				
	problembeladen				

Kommunikation

Der Oberbegriff für alle Formen des Informationsaustausches ist die Kommunikation. Schreiben, Lesen, Sprechen, Gestik und Körperausdruck gehören zur Kommunikation. Das gesprochene Wort ist ein Element dieser Kommunikation. Wenn Menschen zusammentreffen gibt es keine Situation, in der nicht ein Kommunikationsprozess stattfindet. Viele Botschaften erfolgen unterschwellig. Bewusst oder unbewusst werden diese vom Umfeld erkannt. Unbewusst lösen wir dadurch Verhaltensweisen bei anderen Menschen aus, die für uns nicht vorausschaubar waren und somit unverständlich sind. Wir wiederum entwickeln Gegenreaktionen, die diesen Wahrnehmungen entsprechen. Sie waren jedoch ursprünglich nicht so vorgesehen.

Beispiel: Mitarbeiter A, der zu einer Besprechung geht, hat kurz vorher mit einem Kollegen ein Streitgespräch gehabt. Die in ihm noch vorhandene aggressive Stimmung wird von seinem folgenden Gesprächspartner B wahrgenommen. Er bezieht dies jedoch auf seine Person und reagiert schon beim ersten Meinungsaustausch mit einer ablehnenden Argumentation. Das wiederum löst bei A Unverständnis aus. A begreift nicht, dass er das für ihn negative Verhalten des anderen ausgelöst hat.

Entscheidend bei der Kommunikation sind die Resultate. Das heißt, es ist nicht entscheidend, was ich sage, sondern wie die Botschaft beim Empfänger ankommt und wie dieser darauf reagiert. Über unsere Sprache eine erfolgreiche Kommunikation zu entwickeln zwingt uns, eine empfängerorientierte Kommunikation auszuüben. Wollen wir Sprache in diesem Sinn erfolgreich einsetzen, dann sollten wir wissen, in welchem momentanen Stimmungsbild sich unser Gegenüber befindet. Werden wir uns bewusst, dass in jedem Kommunikationsprozess alle Sinneswahrnehmungen wie: hören, sehen, fühlen, riechen und schmecken angesprochen sind. Ausgehend von den Gefühlen können diese in den unterschiedlichsten Formen auftreten. Die Spannbreite erfasst Sympathie bis Antipathie.

- **Jede Reaktion eines Gesprächspartners ist ein wertvolles Feedback. Entscheidend ist, dass wir die Reaktion annehmen und sie als wertvolle Information nutzen. Aus dieser Perspektive betrachtet gibt es in der Kommunikation keine „Fehler" und kein „Versagen", sondern ein stetes Lernen.**

Auch unangenehme, uns negativ berührende Reaktionen sind wertvolle Botschaften. Jetzt wird von uns Verständnis und Kreativität verlangt, die vorhandenen Unstimmigkeiten zu verändern und zu einem positiven Verhalten hinzuführen.

Werden Sie sich bewusst, dass in jedem Verhalten eines Menschen eine für ihn positive Absicht steht. Bewusst oder unbewusst sieht der andere in seiner Reaktion einen Nutzen. Diesen gilt es zu erkennen und ihn in seinem eigenen verbalen Verhalten zu berücksichtigen. Das heißt: Jeder Einwand ist eine Chance. Widerstände des Empfängers bestätigen, dass die Aussagen des Senders den Erwartungen des Empfängers nicht entsprachen. Entsteht zwischen den Gesprächspartnern keine Einigung, kann dies für den Sender bedeuten, sich auf einen Gesprächspartner nicht richtig eingestellt zu haben. Sprache ist Beeinflussung, Kreativität, Gestaltung und Autorität.

❒ **Verantwortung im Umgang mit der Sprache ist auch Verantwortung gegenüber anderen Menschen.**

Mit den folgenden Fragen haben Sie die Möglichkeit die Qualität Ihrer Kommunikation zu überprüfen. Stellen Sie fest, wie häufig Sie in Ihrem verbalen Verhalten positiv bzw. negativ ausgerichtet sind.

Auch hier ein Beispiel: In einem Team von acht Personen wird ein Mitglied abgelehnt. Ursache hierfür sind von ihm häufig gebrauchte negative Formulierungen und Worte. Äußerungen wie: das sehen Sie falsch, das geht nicht, wie kommen Sie denn zu dieser Meinung, Sie sollten sich besser vorbereiten, sind Ursache einer starken Ablehnung von Seiten der Gruppe. Es kann und darf nicht unser Ziel sein, zu totalen Jasagern zu werden. Aber besonders in einer Arbeitsgemeinschaft müssen wir Dialoge entwickeln, die trotz unterschiedlicher Auffassung Achtung und Respekt gegenüber den anderen erkennbar macht.

Bitte schätzen Sie, zu wie viel Prozent Ihre Kommunikation positiv und zu wie viel Prozent negativ ausgerichtet ist?

_____

_____

_____

Prüfen Sie bitte Ihre Kommunikation und schreiben Sie auf, welche Kommunikation Sie mit den sieben für Sie wichtigsten Personen führen?

_____
_____
_____
_____
_____
_____
_____

Schreiben Sie etwa 20 positive Reizworte auf.
Beispiele: bitte, danke, Qualität, teamorientiert usw.

_____	_____	_____	_____
_____	_____	_____	_____
_____	_____	_____	_____
_____	_____	_____	_____
_____	_____	_____	_____

Schreiben Sie bitte etwa 16 negative Begriffe auf.
Beispiele: falsch, müssen, geht nicht usw.

_____	_____	_____	_____
_____	_____	_____	_____
_____	_____	_____	_____
_____	_____	_____	_____

Stellen Sie bitte fest, über welche Lebensbereiche Sie gerne negativ reden und warum.

Negative Kommunikation in folgenden Lebensbereichen	
Lebensbereich:	Aussagen:

Welche Konsequenzen leiten Sie aus Ihren Antworten ab? Was werden Sie in den nächsten drei Monaten an Ihrem Kommunikationsverhalten ändern?

_____

_____

_____

Information

Damit sind allgemeine Informationen in schriftlicher Form auf Papier oder als Botschaften über Medien gemeint. Viele Entscheidungsfinder werden heute von einer Informationsflut zugedeckt. Ein Selektieren von Nachrichten wird immer wichtiger. Wenn möglich sollten Vorinstanzen, z. B. Sekretariate oder Sachbearbeiter, diese Aufgaben übernehmen. In vielen Unternehmen erfolgt die Postverteilung von unten nach oben. Das hat den großen Vorteil, dass die Sachbearbeiter sehr gut informiert sind, viele laufende Prozesse mitbestimmen und nur noch wichtige Informationen an das Management weitergeleitet werden. Ein solcher konstruktiver

Filter stärkt das Verantwortungsbewusstsein der Mitarbeiter und bewirkt oft ein schnelleres Reagieren.
In diesen internen und externen Informationsablauf gehört vor allem auch das Berichtswesen. Dabei werden im internen Bereich viele laufende Vorgänge zusammengefasst und in geraffter Form weitergeleitet. Die externen Berichte, z. B. vom Außendienst, den inländischen Verkaufsbüros und den europäische Niederlassungen vermitteln einen Teil der Marktinformationen, die für zukunftsorientiertes, kreatives Denken und Handeln notwendig sind. In vielen Unternehmen ist der Verteiler der externen Berichterstattung wenig zufriedenstellend. Ungewollt bleiben zukunftsweisende Marktinformationen stecken. Hinzu kommt noch ein weiteres Verhalten: Mit dem Ziel einen Vorsprung zu besitzen werden von Führungskräften und Managern Berichte festgehalten und nicht weitergeleitet. So kann es passieren, dass Techniker, Entwicklungsabteilungen, Forschungs- und Anwendungstechnik zu wenig Informationen nicht erhalten, die notwendig wären, um Innovationen marktgerecht zu entwickeln.
In kleinen Unternehmen wird von den Verantwortlichen häufig davon ausgegangen, dass viele Berichte für die Mitarbeiter überhaupt nicht wichtig sind. Manchmal liegt auch die Vermutung nahe, dass die Informationen bereits allgemein bekannt sind.

1.5 Ziele, Planung und Kontrolle

Ziele bewirken grundsätzlich in uns eine Strukturierung unseres Denkens und ein auf den Punkt bezogenes Handeln. Darüber hinaus entwickeln wir in unserem Unterbewusstsein Kräfte, Energien und ein Offensein für Möglichkeiten, die uns zur Erreichung unserer Ziele führen.
Es ist wichtig zu unterscheiden, was in unserem Leben gute Gewohnheiten und was echte Ziele sind. Gute Gewohnheiten sind alle täglich praktizierten Verhaltensweisen, die dazu beitragen unser allgemeines aktives Auftreten zum Erfolg zu führen. Ziele sind

Ergebnisse, die wir bewusst erreichen wollen. Das kann ein Reiseziel sein, der Versuch zu einem bestimmten Zeitpunkt ein Auto zu kaufen, sich Sprachkenntnisse bis zu einem bestimmten Termin angeeignet zu haben, ab sofort pünktlich zu sein oder auch bis in drei Jahren Warenbereichsleiter, Gruppensprecher, Gruppenleiter, Abteilungsleiter, bester Verkäufer zu sein.

- **Ziele geben unserem Leben einen Sinn. Sie „treiben" uns dorthin, wo wir sein möchten.**

Die Notwendigkeit der Zielsetzung

Zielsetzung ist die Grundlage für jede gute Zeitplanung. Eindeutige unternehmerische und persönliche Zielvorgaben sind auch hervorragende Arbeitshilfen. Ohne die Festlegung von Zielen ist jede Handlung richtig und falsch zugleich. Der Erfolg einer Handlung kann nur am Grad der Zielerreichung gemessen werden.

Die Festlegung von Zielen bringt somit mehrere entscheidende Vorteile:

- Wir setzen uns intensiv mit dem auseinander, was wir von der Zukunft erwarten.
- Klar erkannte Ziele fordern zum Handeln heraus. Der Wille zum Aktivwerden wächst.
- Aus Zieldefinitionen lassen sich die wichtigsten Aufgaben ableiten.
- Die Überzeugung von Sinn und Zweck des eigenen Handelns vergrößert sich.

Die Kriterien der Zieldefinition:

- Die von Ihnen zu ermittelnden Ziele müssen folgende Kriterien erfüllen:
- Sie müssen realistisch, eindeutig formuliert und schriftlich fixiert sein.
- Sie müssen konkret sein.
- Sie müssen einen Endtermin besitzen, an dem sie erreicht werden sollen.

- Sie müssen messbar und somit überprüfbar sein.

Klar umrissene Ziele zentrieren Ihre mentalen Kräfte und bieten Ihnen die große Chance, immer wieder zu dem einmal festgelegten Weg zurückzufinden. Ziele zu bilden und mit ihnen gewollt umzugehen motiviert und bietet darüber hinaus ein fest umrissenes Gerüst, das uns den Erfolg garantiert. Außerdem wächst die Risikobereitschaft zu Entscheidungen und Handlungen um die getroffenen Festlegungen zu erreichen.

❐ **Ziele sind wie Flügel. Sie geben uns den Schub und die Kraft alle Hindernisse zu überwinden.**

Weitere Kriterien im Umgang mit Zielen
Bleiben Sie Ihren Zielen treu. Den Weg zum Ziel zu verändern heißt nicht das Ziel aufzugeben, sondern sich den eingetretenen Veränderungen sinnvoll anzupassen.
Jedes erreichte Ziel, und sei es noch so einfach, macht Sie stark und fähiger.
Jedes nicht erreichte realistische Ziel wird Sie demotivieren und schwächen. Nicht gemeint sind hier Arbeiten, die häufig im Vorfeld Fehlschläge und Misserfolge erwarten lassen. Zum Beispiel: in der Entwicklung neuer Technologien, im Forschungsbereich, Bestrebungen das All zu erobern. Bei diesen Aktivitäten ist es mit ein wesentliches Ziel, Erfahrungen zu sammeln.
- festen Willen zum zielgerichteten Denken und Handeln
- eine realistische Arbeitsplanung
- Beständigkeit trotz Umfeldeinwirkung
- Freude an den erfolgreichen Schritten in Richtung Ziel

❐ **Setzen Sie sich realistische Ziele und seien Sie beharrlich, bis Sie diese erreicht haben.**

Hilfen zur Zielerreichung
Wir leben in einem vernetzen System. Alles ist miteinander verbunden. Das heißt auch, dass wir in einem permanenten Prozess

der gegenseitigen Beeinflussung stehen. Bei der Erreichung unserer Ziele sind wir in der Regel auf die Hilfe und das Mitwirken anderer Menschen angewiesen. Stellen Sie sich somit die Frage, wer Ihnen auf dem Weg der Zielerreichung helfen kann, z. B. der Ehepartner, Eltern, Freunde, Geschäftspartner? Ziele am Arbeitsplatz sind fast nur unter Mitwirkung von Kollegen, Führungskräften bzw. Mitarbeitern zu realisieren. Häufig besteht auch die Situation, dass Ziele mit anderen Personen abgesprochen werden müssen. Je gründlicher und eindeutiger diese Abstimmungen erfolgen, um so weniger Schwierigkeiten können auftreten und dementsprechend leichter sind die Ziele zu erreichen.

Was kann mich auf dem Weg der Zielerreichung hindern?
Es ist sinnvoll mit der Festlegung von Zielen auch zu überlegen, wer Sie auf dem Weg zu Ihrem zentralen Punkt behindern kann. So wie Partner oft Ziele unterstützen, können sie natürlich auch zur Behinderung werden. Mancher Mann hat einen Berufswechsel deswegen nicht vorgenommen, weil die Ehepartnerin einen örtlichen Wechsel ablehnte. Ebenso konnten viele Personen ihr Ziel nicht realisieren, weil Kollegen aus dem Umfeld den gleichen Erfolg anstrebten und die bessere Strategie hatten. Das größte Hindernis ist meist die Person selbst. Fehlende Energie, unrealistische Zielsetzungen, mangelnde Vorbereitung und Konsequenz sind die Ursachen. Außerdem haben viele Menschen Schwierigkeiten, wenn sich die Rahmenbedingungen ändern. Diese können ebenso im privaten wie im beruflichen Bereich liegen. Prüfen Sie sich, wie oft Sie in der Vergangenheit Ziele hatten und diese nicht erreichten und warum. Denken Sie immer daran:

☐ **Jedes nicht erreichte Ziel, und sei es noch so banal, wird Sie schwächen. Jedes Ziel das sie erreichen, und sei es noch so klein, wird Sie stärken.**

Negative persönliche Einflussfaktoren
Es gibt eine Reihe von inneren, in der Person liegenden Störungsquellen, die einen Einfluss auf unsere Konzentration und Leistungsbereitschaft haben. Dies sind die Gedanken und Gefühle, die ein gezieltes Erledigen einer Aufgabe nicht zulassen; Beispiele:
- mangelndes Selbstvertrauen und mangelndes Selbstbewusstsein,
- chronischer Pessimismus, unechte Sorgen,
- Grübeleien, Selbstzweifel,
- nachwirkender Ärger,
- Zerfahrenheit, Quasselei,
- Träumereien, Abschweifungen.

Wie stark sind bei Ihnen diese inneren Ablenkungen ausgeprägt?
Prüfen Sie in den folgenden Fragen, wie Sie mit diesen Stimmungen umgehen.

Innere negative Einflussfaktoren
Stellen Sie bitte fest, warum bestimmte Ablenkungen häufiger auftreten.

___

___

___

___

Welche Möglichkeiten sehen Sie diese negativen Faktoren zu verringern bzw. ganz abzubauen?

___

___

___

___

Einflussfaktoren, die wir akzeptieren müssen:
- schlechte körperliche Verfassung, Krankheit, Schmerzen,
- Erkennen von Sinnlosigkeit z. B. es fehlt Ihnen die Bereitschaft, das schlechte Wetter, die ungewünschten Jahreszeiten, Staus auf Straßen und Autobahnen zu akzeptieren,
- berechtigte andere Wünsche Ernährung, Entspannung,
- echte Sorgen im privaten und beruflichen Bereich.

❏ **Bekämpfen müssen wir die negativen Einflussfaktoren. Die positiven Ablenkungen müssen wir beachten, sie sichern unser Leben.**

Den gesunden Menschenverstand und unsere guten Gefühle dürfen wir nicht durch eine Überdisziplinierung verlieren.

1.6 Formen der Ziele

In dem folgenden Text werden Ihnen zwei Möglichkeiten angeboten Ziele strukturiert festzuhalten. Es ist sinnvoll, wenn Sie beide Formen nutzen. Denken Sie bitte immer wieder daran, dass es wichtig ist, sich grundsätzlich mit Zielen zu beschäftigen und sie entsprechend festzuhalten.

Z steht für Zupacken
I steht für Ideen
E steht für Elan
L steht für Lebensfreude
E steht für Erfolg

a. Einteilung in Zeitphasen
- laufende Ziele → heute bis 3 Monate
- kurzfristige Ziele → 4 Monate bis 1 Jahr
- mittelfristige Ziele → ab 1 Jahr bis 3 Jahre
- langfristige Ziele → ab 3 Jahre bis 6 Jahre

b. Allgemeine Ziele:
Gegenwartsbezogene Ziele:
Hierunter verstehen wir alle derzeitigen Lebensbedingungen, die uns wichtig sind und die wir unbedingt erhalten möchten. Im privaten Bereich die positive Position einer Partnerschaft oder in der Berufswelt eine Arbeit zu verrichten, die uns erfüllt.
Diese Erhaltungsziele haben für das Glücklichsein des Menschen eine wesentlich größere Bedeutung, als es zunächst erscheinen mag. Es sind Bedingungen, die in ihrer Bedeutung oft erst dann erkannt werden, wenn sie sich verändern. Erhaltungsziele zu haben bedeutet die Bereitschaft, in die vorhandenen Lebensbedingungen zu investieren, zum Beispiel durch mehr Aufmerksamkeit, Weiterbildung, ein gutes Verhältnis zu Kolleginnen und Kollegen, aber auch durch gezeigte Dankbarkeit für viele kleine und größere Erfolge, die wir durch unsere aktives Handeln bewirkt haben.

Verbesserungsziele
Stellen Sie sich die Frage: „Was kann ich verbessern?" Diese Frage kann sich auf das persönliche Verhalten, aber auch auf den privaten und beruflichen Bereich beziehen. Bei einer genaueren Analyse erkennen Sie sicherlich einige Punkte, die positiv zu verändern sind. Entwickeln Sie für sich eine Marketingstrategie. Sie könnte z. B. für Sie als Führungskraft folgendermaßen lauten: „Ich bin entschlossen fünf Punkte in meinem Führungsverhalten zu verändern."
In vielen Versuchen hat sich herausgestellt, dass diese Methode zu großartigen Erfolgen führt. Möglicherweise werden Sie auf der Suche nach fünf verbesserungsbedürftigen Punkten Details erfassen, an die Sie bisher nicht gedacht hatten. So zum Beispiel:
- die Kommunikation zu den Mitarbeiterinnen und Mitarbeitern zu verbessern,
- mehr Lob auszusprechen und ehrliche Komplimente zu machen,
- das Einkommensgefüge der Mitarbeiter zu prüfen und zu verbessern,

- ein Teamgespräch mit Kollegen zu führen,
- gute Ideen als Verbesserungsvorschläge einzureichen,
- detaillierte Zielabsprachen mit den einzelnen Mitarbeitern im Team entwickeln.

◻ **Lernen Sie in Zielen zu denken und zu handeln um eine neue Lust am Leben zu entwickeln und zu erfahren.**

Innovative Ziele

Innovation heißt „Erneuerung". Stellen Sie sich auch hier die Frage: „Was kann ich Neues in Form von Zielen in meinen beruflichen Alltag einbringen?" Angenommen, Sie fordern auch hier von sich vier Ideen, so könnten diese etwa so aussehen:

- Ich werde eine Fachzeitschrift abonnieren, gründlich durcharbeiten und wichtige Information weitergeben.
- Ich werde meinen eigenen Vorgesetzten loben.
- Ich werde ein besonderes Weiterbildungsseminar besuchen.
- Ich will einen Fachartikel schreiben.

Auf diese Weise mit Zielen zu arbeiten, bedeutet sein eigenes Erfolgskonzept zu entwickeln.

◻ **Ziele sind eine unsichtbare Energie, die uns Schwierigkeiten akzeptieren lässt und uns die Kraft schenkt Erfolge zu realisieren.**

In der folgenden Abbildung haben Sie die Möglichkeit, Ihre Ziele in einer zweiten Variation festzuhalten. In dem unteren Teil der Pyramide können Sie alle Lebensbedingungen erfassen, die Ihre derzeitige Lebensphase sinnvoll machen, z. B. ein guter Arbeitsplatz, ein harmonisches Familienleben, die Gesundheit.

In dem darüber liegenden zweiten Abschnitt können Sie aufschreiben, was Sie in Ihrem momentanen Leben verbessern wollen, z. B. Ihre körperliche Verfassung durch Sport, die Ernährung, weniger Alkohol zu trinken, pünktlicher am Arbeitsplatz zu sein.

In der Spitze der Pyramide können Sie fixieren, was Sie als echte Neuheit in Ihr Leben einbringen wollen, z.B. eine Fremdsprache zu lernen, mit Ihrem Lebenspartner ein Konzert zu besuchen, einen erweiterten Freundeskreis aufzubauen.

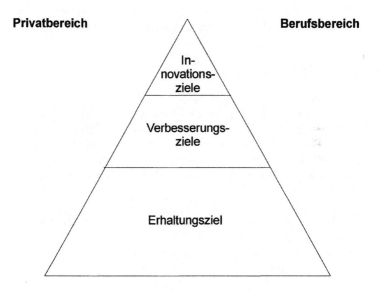

Sie haben die Möglichkeit links und rechts neben der Pyramide Ihre Ziele nach diesem Schema zu fixieren.

2. Ziele und das Phänomen Zeit

Ziele und Zeit sind untrennbar miteinander verknüpft. Das Bewusstsein für die Zeit spielt dabei eine wesentliche Rolle. Wer die Zeit nutzen und durch klar definierte Ziele aufwerten will, der muss sie spüren, sie empfinden und als ein Geschenk ansehen. Zeit ist Existenz. Zeit verlangt von uns sie zu gestalten und zu formen.

2.1 Zeitmanagement

Was ist Zeit?
Zeit ist etwas Absolutes, etwas Messbares! Zeit ist eine festgeschriebene Größe! Zeit ist aber auch relativ! Zeit wird unterschiedlich empfunden! Zeit wird emotional differenziert gemessen! Sie ist nicht käuflich. Sie kann nicht gespart werden. Sie kann nicht vermehrt werden. Sie verrinnt unwiderruflich, sie kann nicht zurückgeholt werden.

- Zeit bedeutet: arbeiten und lernen.
- Zeit bedeutet: sich selbst erkennen, sich selbst bestimmen, sich entfalten wollen.
- Zeit bedeutet: den Alltag erkennen und handeln, verändern und bewahren.
- Zeit bedeutet: Vergangenheit, Gegenwart, Zukunft.
- Zeit bedeutet: Ziele zu haben.

❒ **Ein Mensch ohne Ziele ist wie ein Vogel ohne Flügel.**

Die Voraussetzung für ein erfolgreiches Selbstmanagement ist der bewusste Umgang mit der Zeit.

❒ **Ist Zeitmanagement auch Lebensmanagement?**

Ja, denn Zeit ist nur einmalig verfügbar. Seine Zeit zu leben heißt sie auch selber zu bestimmen. Zielorientierte Menschen bestimmen ihre Zeit in großem Maß selbst.
Anders geht es den Personen, die nicht wissen, was sie wollen, die keine Eigeninitiative entwickeln und schließlich nur über erhal-

tene Weisungen handeln. Diese Personen werden in der Berufswelt Befehlsempfänger genannt. Eigenverantwortung und Selbstbestimmung sind bei ihnen unterentwickelt. Die persönliche Ausstrahlung dieser Menschen erinnert mehr an Frust als an Lust. Diese Menschen werden gelebt. Sie empfinden Zeit nicht als Chance, sondern häufig als Last.

❏ Prüfen Sie sich, welche innere Einstellung Sie zur Zeit haben

Wie ich meine Zeit lebe, hat immer etwas mit meiner Einstellung zu meinen Aufgaben zu tun.
- Wer nicht gerne arbeitet, wird jeder Aufgabe, mit der er konfrontiert wird, als erhöhten Stress empfinden.
- Wer wenig gesprächsfreudig ist, wird permanent Schwierigkeiten in der Kommunikation mit Kunden, Kollegen und Vorgesetzten haben. Jede Gesprächssituation wird als Stressmoment empfunden. Die Flucht hinter das Regal oder Lager sind die Folge.
- Wer problemorientiert ist, wird ständig irgend etwas Negatives in seinem Umfeld und bei sich selbst finden. Somit übt er einen demotivierenden Einfluss auf sich selbst und andere aus. Diese „Verklemmten" leben häufig in einem negativen Stress.

Diese Art von Beispielen ließe sich fast unendlich weiterführen. Im Zusammenhang mit dem Kriterium Zeitmanagement bedeutet dies, dass die gestellten Anforderungen entsprechend der geistigen Einstellung zum beruflichen Leben leichter oder schwerer zu bewältigen sind. Wer gerne bereit ist, sich mit den Alltagsfragen seiner Berufswelt auseinander zu setzen, wird weniger negativen Stress erfahren. Er wird ein klares „Ja" zu allen Veränderungen sagen, auch dann, wenn sie unangenehm sind. Er wird die Herausforderung annehmen.

◻ **Zeitmanagement ist immer auch Lebensmanagement.**
Zeit ist nur einmalig verfügbar. Zeit ist ein Empfinden, das Menschen unterschiedlich erfahren, selbst wenn sie in der gleichen Situation leben. Der Faktor Zeit ist an vielen Stresssituationen stark beteiligt. Wie sehr die Zeit das Empfinden des Menschen beeinträchtigt, steht mit seiner geistigen Einstellung zu verschiedenen Lebensfragen im Zusammenhang. Die Voraussetzungen sein eigenes Zielverhalten zu erkennen und zu verbessern sind Disziplin, Entschlossenheit und die Bereitschaft sich selbst zu beobachten.
Zeitmanagement ist nicht nur eine messbare Größe, sondern immer auch ein emotionales Erleben. Zeit und Leben werden zu der Einheit Lebenszeit. Ich lebe jetzt in dieser Zeit, und es ist meine Zeit. Aus dieser Sicht wird klar, dass Arbeitszeit Lebenszeit ist. Zeit erhält so eine andere Dimension und wird zu einem sich ständig verändernden Erleben. Seine Zeit bewusst zu erleben, bedeutet, sie zu erfahren. Erst dann, wenn wir auf dieser Ebene das Leben wahrnehmen, werden wir von Stunde zu Stunde mehr Erfahrungen sammeln. Wir werden unser Leben zukünftig leichter und erfolgreicher führen.

Zeitanalyse
Eine genaue Zeitanalyse ist der erste Schritt des eigenen Zeitmanagements. Sie klärt, welche Bedeutung die einzelnen Aufgaben haben. An einem meiner Zeitmanagement-Seminare nahm ein Abteilungsleiter teil, welcher der festen Ansicht war, dass er etwa 1½ Stunden pro Tag an Besprechungen teilnähme. Eine genaue Analyse ergab, dass es jedoch etwa 3½ Stunden täglich waren. Dieses Beispiel zeigt, dass uns oft das Wissen fehlt, wie viel Zeit wir in bestimmte Arbeitsabläufe investieren.
Voraussetzung für ein gutes Zeitmanagement ist zunächst die Feststellung, für welche Arbeiten ich wie viel Zeit benötige, zum Beispiel für Kundengespräche, Einräumen von Ware, Verfolgen von Kundenbestellungen, Sonderbestellwesen, Telefonate, Besprechungen. Sinnvoll ist es, sich etwa 1-2 Wochen lang selbst zu

beobachten und alle Arbeitsabläufe sowie die dafür investierte Zeit zu notieren.
Auch dann, wenn Sie feststellen, dass diese Arbeits- und Zeitstudie nicht vollständig ist, werden Sie ein verändertes Bewusstsein für das eigene Handeln und den Zeitverbrauch entwickeln. Entscheidend ist, dass Sie ganz einfach beginnen und es tun. Diese Aktivitäten werden Sie veranlassen ein neues Zeitbewusstsein in Ihr schon erfolgreiches Leben einzubringen.
Interessant ist in diesem Zusammenhang das Pareto-Prinzip. Pareto war ein Italiener, der feststellte, dass 20 Prozent der Bevölkerung 80 Prozent des Volksvermögens besitzen. Dieses Pareto-Prinzip lässt sich auch auf andere Lebensbereiche übertragen. Viele Zeitanalysen haben ergeben, dass sich auch hier das Pareto-Prinzip einbringen lässt. Wir müssen uns immer wieder fragen: „Wie viel Prozent meiner Zeit nutze ich sinnvoll, und wie viel Prozent meiner Zeit verschenke ich durch Unüberlegtheit, Inkonsequenz und all-gemeine Unentschlossenheit?"
Auf der folgenden Seite finden Sie eine Tabelle. Diese soll Sie anregen über Ihre Zeitplanung nachzudenken. Wer bereits mit einem Zeitplaner arbeitet, kennt die großen Vorteile, Tagesabläufe zu strukturieren. Insofern bietet Ihnen die einseitige Matrix lediglich die Chance eine Woche zu planen.
Wenn Sie die Matrix ausgefüllt haben, dann prüfen Sie bitte, welche Konsequenzen Sie aus Ihrer bisherigen Zeitplanung ableiten können.

Zeitanalyse
Wochenplanung: Termine/Arbeiten

	Montag	Dienstag	Mittwoch	Donnerstag	Freitag	Samstag
6.00						
7.00						
8.00						
9.00						
10.00						
11.00						
12.00						
13.00						
14.00						
15.00						
16.00						
17.00						
18.00						
19.00						
20.00						
21.00						
22.00						

2.2 Zeit als Stressfaktor

Nur wenige Menschen setzen sich mit dem Phänomen Zeit bewusst und konsequent auseinander. Die Zeit wird nicht bewusst wahrgenommen und entsprechend gelebt. Viele Menschen stöhnen: „Ich habe keine Zeit." Näher betrachtet, ist diese Aussage weder korrekt noch haltbar. Jeder Mensch hat an einem Tag die gleiche Zeit, nämlich 24 Stunden. Das heißt, dass die uns zur Verfügung stehende Zeit messbar absolut identisch ist.

Empfindungsmäßig wird die Zeit jedoch sehr unterschiedlich wahrgenommen. Sind wir mit einem uns liebenswerten Menschen zusammen, dann sind drei Stunden, in denen wir Zärtlichkeiten austauschen, wenig Zeit. Befinden wir uns dagegen in einer Situation, in der wir auf Hilfe warten, bedeuten diese gleichen drei Stunden eine Ewigkeit. Wenn wir uns dieser Gesetzmäßigkeit im Umgang mit unserer Zeit bewusst werden, spüren wir, dass die innere Einstellung unser Zeiterleben bestimmt.

Sagen Sie öfter:„Ich habe keine Zeit!?" Dann bedeutet diese Aussage, dass etwas fehlt, dass Mangel vorhanden ist, dass Sie bestimmte Dinge nicht tun können. Obwohl Sie 24 Stunden zur Verfügung haben, lösen Sie mit diesem Satz in sich das Empfinden aus, dass die Einheitsgröße Zeit kleiner und kleiner wird. Die Folge ist, dass Sie unangenehmen Stress haben und sich unter Druck fühlen. Sie haben Angst es nicht zu schaffen. Sie verhalten sich gegenüber anderen ablehnend und aggressiv und wirken in einigen Situationen inkompetent. Einige Ratschläge:

- **Streichen Sie den Satz „Ich habe keine Zeit!" aus Ihrem Sprachgebrauch und aus Ihrer Denkweise!**
- Leben Sie in der Gegenwart, spüren Sie den Moment und empfinden Sie ganz bewusst das, was Sie gerade machen. Seien Sie sich bewusst: Sie haben auf jeden Fall so viel Zeit wie jeder andere, nämlich 24 Stunden.
- Genießen Sie und freuen Sie sich über Ihre Zeit!
- Schieben Sie Herausforderungen, Schwierigkeiten oder gar Probleme nicht vor sich her. Packen Sie sie an und sehen Sie eine Chance aus ihnen zu lernen.
- Werden Sie sich bewusst: Der häufigste Stress ist ein Stress, den Sie sich selbst machen.
- Denken Sie immer daran: das Argument „Ich habe keine Zeit!" ist in 99 von 100 Fällen identisch mit „Ich habe kein Interesse!" Das folgende Arbeitsblatt gibt Ihnen die Möglichkeit Ihr Verhältnis zur Zeit zu prüfen und gegebenenfalls zu korrigieren.

☐ **Zeit ist Leben. Wie leben Sie Ihre Zeit?**

Wie bewusst haben Sie sich mit der Zeit beschäftigt?

_____

_____

_____

Warum haben Sie sich mit der Zeit beschäftigt?

_____

_____

_____

Haben Sie ein gutes Zeitmanagement?

☐ ja   ☐ nein

Wie oft sprechen Sie den Satz: „Ich habe keine Zeit!"

☐ nie   ☐ selten   ☐ öfter   ☐ häufig

**Wenn Sie diesen Satz sagen,
nimmt Ihre Zeit vom Empfinden her zu oder eher ab?**

☐ zu   ☐ ab

Was bedeutet Ihnen Zeit?

_____

_____

_____

Was können Sie ab sofort tun um Ihre Zeit besser zu planen?

_____

_____

_____

Prüfen Sie, welches Ergebnis Sie aus den Antworten ableiten können. Welche Konsequenzen werden Sie daraus entwickeln?

2.3 Warum haben Erwartungen Einfluss auf meinen Erfolg

Erwartung ist eine emotionale Stimmung. Erwartungen, Ziele und Zeit sind sehr stark miteinander verbunden. Es ist sinnvoll, wenn Sie sich folgende Fragen stellen:

Welche Erwartungen habe ich an mein zukünftiges Leben?
Denke ich daran etwas zu verändern? Wünsche ich mir z.B. eine neue Wohnung oder ein neues Auto? Erwarte ich von mir, dass ich Entscheidungen treffe?

Welche Entwicklung erwarte ich im Beruf?
Hier können meine Gedanken auf mehr Geld, erhöhte Verantwortung und damit einen Aufstieg ausgerichtet sein. Weitere Ziele können sein, für das Unternehmen zu reisen und mich mit neuen Technologien zu beschäftigen.

Was erwarte ich von meinen Kollegen und Vorgesetzten?
Spüre ich das Bedürfnis mehr Anerkennung zu finden, intensiver als bisher mit Kollegen und Vorgesetzten zu kommunizieren, damit ich ernst genommen werde?

Welche Anerkennung wünsche ich für meine Leistung?
Wurden in der Vergangenheit meine vielen guten Leistungen nicht herausgestellt und nur die zu verbessernde Qualität angesprochen? Wünsche ich mir von Seiten des Teams, aber auch von den Führungskräften mehr Feedback?

Was erwarte ich von mir selbst?
Diese Frage fordert mich heraus. Bin ich bereit mit meinen Wünschen und Erwartungen auch etwas zu verändern? Will ich intensiver und klarer meine Gedanken aussprechen? Werde ich von meinem Umfeld mehr fordern? Bin ich bereit mich situativ abzugrenzen? Erwarte ich von mir meine Fähigkeiten und Kompetenzen stärker als bisher erkennbar zu machen?
Erwartungen sind konkretisierte Wünsche. Je klarer und deutlicher ich sie wahrnehme, desto mehr Kraft werden sie in mir auslösen. Es wird sich in unserem Leben nur das realisieren, was wir innerlich mit Vertrauen und Überzeugung erwarten. Eine Erwartung löst in uns ein ganz spezifisches Stimmungsbild aus. Das zu erwartende Ereignis wird bereits jetzt als verwirklicht empfunden. Dieses innere emotionale Erleben ist ein sehr positives Stimmungsbild. Es öffnet uns, entwickelt Perspektiven und bedeutet eine Harmonisierung unserer Gedanken und Empfindungen. Sie werden zu Symphonien, die das Umfeld stark beeinflussen.
Shakespeare sagte:

◻ **„Alle Dinge sind bereit, wenn das Gemüt es ebenfalls ist."**

Erwartungen bedeuten sich für die Ereignisse, die wir anstreben, zu öffnen.
Drei Schritte, die es ermöglichen Erfolge zu programmieren.

Erstens: Ich entwickle realistische und geprüfte Ziele. Damit löse ich bestimmte Erwartungen in mir aus.
Zweitens: Ich glaube daran, dass ich meine Ziele realisiere. Meine Entschlossenheit und Vorstellungskraft wächst.

Drittens: Ich handle und zentriere meine Energie auf das Ziel. Ich werde in Lösungsstrategien denken und alle Schwierigkeiten überwinden.

Nachstehend können Sie für sich erarbeiten, in welchem Umfang Sie bereits Erwartungen haben bzw. entwickeln möchten. Nehmen Sie sich jetzt die Zeit, und bearbeiten Sie sorgfältig die folgenden Fragen:

Erwartungen
Prüfen Sie Ihre Erwartungen, denn Sie bestimmen Ihr Leben.
Was erwarten Sie von sich persönlich?
Sofort:

_____
_____
_____

In drei Monaten:

_____
_____
_____

In einem Jahr:

_____
_____
_____

Was erwarten Sie von Ihrem Privatleben?
Sofort:

_____
_____
_____

In drei Monaten:

_____

_____

_____

In einem Jahr:

_____

_____

_____

Was erwarten Sie von Ihrem Berufsleben?
Sofort:

_____

_____

_____

In drei Monaten:

_____

_____

_____

In einem Jahr:

_____

_____

_____

2.4 Vergangenheit, Gegenwart, Zukunft

Gedanklich können wir in den drei Zeiten Vergangenheit, Gegenwart und Zukunft leben. Es ist für uns wichtig zu erkennen, wie oft wir in diesen einzelnen Zeiten verweilen. So ist die Vergangenheit als ein Erfahrungsschatz etwas sehr Entscheidendes. Er wird von vielen Menschen zu wenig genutzt. Die Zukunft ist jene Lebensphase, die konträr zur Vergangenheit steht. Sie birgt viele Unbekannte, verlangt jedoch von uns, sie zu planen. Die entscheidende Lebensphase ist die Gegenwart. Sie zu spüren, zu gestalten und in ihr willentlich Leistungen zu erbringen, ist unsere Aufgabe. Die Gegenwart in der Qualität einer zeitdichten "Scholle" zu erfahren, wird Prozesse in uns auslösen, die wir im Nachhinein als Bereicherung spüren und die wir als Erfahrung nutzen können. Es gehört zu unserer Selbstbestimmung, bewusst die vielen schönen, attraktiven und von Erfolg getragenen Momente zu erkennen und sie wahrzunehmen.

Lebenszeiten

Ich habe	Ich bin	Ich werde
Vergangenheit	Gegenwart	Zukunft
Vergangenheit Erfahrung	Leben	Planung Ziele Kontrolle

Vergangenheit

Unsere Gegenwart und unsere Zukunft sind nur insoweit erfolgreich, wie wir bereit sind, unsere Vergangenheit anzunehmen. Denn nur, wenn wir unsere Vergangenheit annehmen, können wir sie als Erfahrung zielgerichtet nutzen.

Vergangenheit ist ein Teil von uns, ist ein Teil unseres bisherigen Lebens. Erst wenn wir diesen Teil ganz akzeptieren, können wir ihn auch entsprechend in unser aktuelles Leben integrieren. Nur wenn wir unsere Lebensgeschichte in ihrer Ganzheit annehmen, können wir sie als einen Schatz von Erfahrungen nutzen. Wer nicht im Einklang mit seiner Biographie steht, entwickelt Blockaden, hemmt den Fluss der Energien und lähmt seine Kräfte. Die Folge ist, dass der Alltag mit weniger Vitalität und gebremst durchlebt wird. Häufig entwickeln sich auch Krankheiten. Seien Sie bereit für Ihr zurückliegendes Denken und Handeln die volle Verantwortung zu übernehmen.

Zurückliegende glückliche Zeiten und freudige Momente sind für die Gegenwart und auch für die Zukunft eine Quelle der Kraft und der Zuversicht. Wir erinnern uns gerne daran, und sie bestätigen uns, dass wir in dieser Zeit im Einklang mit uns selbst gelebt haben.

Geschehnisse negativer Art, die nicht angenommen und bewusst verarbeitet wurden, haben eine stark lähmende Wirkung auf unser Leben. Oft hindern Ängste sich mit dem Erlebten auseinanderzusetzen. Wir sprechen dann von Verdrängungen.

- **Nur ein klares „Ja" zu allem, was vorgefallen ist, kann Vergangenheit und Gegenwart zu einer Einheit zu führen.**

Unsere Zukunft ist nur so stark, wie wir frei sind von der negativen, noch belastenden Vergangenheit. Frei sein heißt die Vergangenheit als einen Schatz an Erfahrung annehmen zu können.

- **Annehmen, das Leben in seiner Ganzheit annehmen und eintauchen in die Geschehnisse des Alltags, das ist die Zauberformel, die uns frei, stark und glücklich macht.**

Josef Abs, einer der größten Banker unseres Jahrhunderts, Vorsitzender vieler Aufsichtsräte, Topmanager und ein Vorbild an Dynamik und Schaffenskraft, antwortete im hohen Alter auf die Frage eines Journalisten, was ihn so erfolgreich gemacht habe, folgendes:

☐ **„Ich habe aus meinen Niederlagen gelernt."**

Es gibt viele Untersuchungen über sehr erfolgreiche Menschen. Eines ist ihnen häufig gemeinsam: Sie haben in ihrem Leben nicht nur einmal, sondern mehrmals „versagt". Aber ihre Niederlagen wurden zu einer „Schulung" für den späteren Erfolg. Lernen auch Sie aus dem, was nicht gut in Ihrem Leben läuft. Lernen Sie aus Ihren persönlichen Niederlagen. Es macht Sie stark.

☐ **Misserfolge sind wie Freunde.**
   Wir können viel von ihnen lernen.

Setzen Sie sich neue Ziele, seien Sie dankbar für die Erfahrungen der Vergangenheit.

☐ **Vergangenheit, erfahren und bewältigt, ist ein Schatz,**
   den wir immer wieder bewusst einsetzen sollten.

Nachstehend finden Sie verschiedene Fragen. Sie sind auf die positiven Ereignisse unserer Vergangenheit ausgerichtet und zum anderen auf die negativen.

a) Vergangenheit aus positiver Sicht
Was haben Sie aus der Vergangenheit gelernt?

_____

_____

_____

Wie gehen Sie mit diesen Erfahrungen um?

_____

_____

_____

**Wie sind Sie in der Vergangenheit
mit Misserfolgen umgegangen?**

_____

_____

_____

**Wie bewusst wollen Sie ab sofort Ihre Erfahrungen
und alles Gelernte besser einsetzen?**

_____

_____

_____

Welche drei Ratschläge geben Sie einem Menschen bewusster mit den positiven Ereignissen der Vergangenheit umzugehen?

_____

_____

_____

Schreiben Sie fünf Erlebnisse aus Ihrer beruflichen Vergangenheit auf. Zum Beispiel: Berufsausbildung

_____

_____

_____

_____

Schreiben Sie sieben Erlebnisse aus Ihrer privaten Vergangenheit auf. Zum Beispiel: Geburt eines Kindes

_____
_____
_____
_____
_____
_____
_____

Schreiben Sie sieben Erlebnisse auf, die Ihre Persönlichkeitsentwicklung gefördert haben. Zum Beispiel: Das Durcharbeiten eines Buches, eine bestimmte Reise, Begegnungen mit besonderen Menschen.

_____
_____
_____
_____
_____
_____
_____

Was empfinden Sie beim Beantworten dieser Fragen?
Welche Schlüsse ziehen Sie daraus?

_____
_____
_____

b) Vergangenheit aus negativer Sicht
Negative Erlebnisse aus der Vergangenheit sind schmerzhafte Prozesse, die wir als besonders wertvolle Erfahrungen betrachten

dürfen. Voraussetzung ist jedoch, dass wir im Nachhinein „ja" zu diesen Ereignissen sagen.

Welche Ereignisse berühren Sie noch heute unangenehm?

___

___

___

Was hat Sie abgehalten, sich mit diesen Lebensmomenten konsequent auseinanderzusetzen?

___

___

___

Was haben Sie aus diesen Erlebnissen gelernt?

___

___

___

Wie setzen Sie das Gelernte um?

___

___

___

Welchen Ratschlag geben Sie einem Menschen, der zur Zeit in einer vergleichbaren Lebenssituation steht?

___

___

___

**Was empfinden Sie beim Beantworten dieser Fragen?
Welche Schlüsse ziehen Sie daraus?**

_____

_____

_____

Wie oft denken Sie noch an diese negativen Erlebnisse?

☐	☐	☐	☐
oft	ganz selten	selten	nie

Sind Sie sich bewusst, dass nicht überwundene, negative Erlebnisse Ihre Kraft, Energien und Lebensfreude stark blockieren?

☐ ja   ☐ nein

**Welchem Lebensbereich
können Sie die nicht verarbeiteten Erlebnisse zuordnen?
Erlebnisse Beruf**

_____

_____

_____

Erlebnisse privat

_____

_____

_____

Erlebnisse persönlich

_____

_____

_____

**Mit wem können Sie über diese Vergangenheit reden?
Schreiben Sie bis zu 3 Personen mit Adresse auf.**

_____

_____

_____

_____

_____

_____

Wann wollen Sie das erste Gespräch führen?

Sind Sie bereit Ihr Problem aufzuschreiben, den Zettel über einer Toilette zu zerreißen und herunterzuspülen?

☐ nein   ☐ ja

Können Sie verzeihen?

☐ ja   ☐ nein

Bis wann wollen Sie es lernen und frei sein?

Gegenwart

Die Gegenwart ist unser wichtigstes Zeitmoment. Freude und Leid aus der Vergangenheit sind als Erfahrungen gespeichert. Aber auch der Blick in die Zukunft ist immer präsent.

▢ **Gegenwart bedeutet, wir leben jetzt, hier in diesem Moment. Das bedeutet „ich bin".**

Nur das „Jetzt" ist real und zählt. Bewusst riechen, schmecken, hören, sehen, berühren, spüren, erfahren, - das ist Leben. Entscheidungen treffen, erfolgreich sein, Misserfolge empfinden, - auch das ist Leben. Das „Jetzt" leben bedeutet: zu handeln, aktiv zu sein. Es heißt Ziele zu haben, zu arbeiten, Leistung zu erbringen, Lust zu spüren.

▢ **Handeln heißt, den Alltag „berühren". Das bedeutet Ergebnisse zu sehen, Akzeptanz zu erfahren und Ziele zu leben.**

Habe ich Ziele? Wie sehen diese Ziele aus?
Wer nicht bewusst lebt, stumpft ab. Er verliert die innere Beziehung zur Realität, und seine Lebensqualität lässt nach. Wer nicht bewusst seine Zeit, den Moment lebt, wer keine Ziele hat, der verschenkt Zeit und vergeudet damit ein Stück seines Lebens. Wer die Gegenwart bewusst lebt, gewinnt innere Klarheit.

Oft begegnen wir Menschen, die viele Entscheidungen vor sich herschieben. Sie haben tausend Ausreden etwas nicht zu tun. Diese Menschen verändern auch deswegen nichts, weil sie sich an ihre Situation gewöhnt haben. Sie sind stumpf und mutlos, es fehlt das Bedürfnis aktiv zu sein. Klarheit im Denken, ausgerichtet auf Wünsche und Ziele, fehlt. Handeln könnte Veränderungen bewirken, aber Veränderungen sind nicht erwünscht. Sie sind deshalb nicht erwünscht, weil sie den Einzelnen zwangsläufig aus seinem gewohnten Trott herausholen. Er müsste sich mit fremden Situationen auseinandersetzen. Den gewohnten Trampelpfad zu gehen, ist bequem und angenehm. Dieser wird auch dann noch akzeptiert, wenn wir spüren, dass er uns nicht mehr weiter bringt.

Der Wille zur Veränderung

☐ **Wille ist eine Energie, die wir dahin schicken, wo wir sie haben wollen. Wille ist Entschlossenheit, ist Handeln, ist: Es einfach tun!**

Selbstverantwortung bedeutet auch Selbstbestimmung. Bestimmen bedeutet, Entscheidungen zu treffen. Prüfen Sie bitte, wie oft Sie in Ihrem Alltag wichtige Entscheidungen treffen, denn jede Entscheidung ist ein gelebtes Stück Selbstbestimmung.
Schärfen Sie Ihr Bewusstsein für getroffene Entscheidungen. Das stärkt die Fähigkeit, sein Leben selbst zu bestimmen. Gegenwart bedeutet: aktiv zu sein, erfolgreich zu sein, Freude und Leid zu empfinden, sich selbst und sein Umfeld zu erfahren.

☐ **Gegenwart ist die Schule des Lebens, ist die Erfahrung der Realität und das Glück, ein Mensch zu sein.**

Beantworten Sie bitte die folgenden Fragen und prüfen Sie, welche Schlüsse Sie aus Ihren Antworten ziehen können:

a) Gegenwart im Beruf
Was ist gut?
**Schreiben Sie sieben Zustände auf,
die Sie motivieren und glücklich machen.**

_____
_____
_____
_____
_____
_____
_____

Was investieren Sie in Ihre positive Berufssituation, um diesen Zustand wenigstens zu erhalten?

_____

_____

_____

Welche Situationen in Ihrer Berufssphäre gefallen Ihnen zur Zeit nicht? Was ist für Sie negativ?

_____

_____

_____

Wer ist Ihrer Meinung nach Schuld an diesem Zustand?

_____

_____

_____

Wie können Sie diese negativen Faktoren verändern?

_____

_____

_____

Was halten Sie von dem Satz: Nichts ändert sich im Leben eines Menschen, außer er selbst ändert sich?

_____

_____

_____

b) Gegenwart im privaten Bereich
Schreiben Sie sieben Bedingungen auf,
die Ihr Privatleben bereichern.

_____

_____

_____

Was können Sie tun, um Ihre persönliche Evolution weiterhin zu fördern, zum Beispiel eine Sprache lernen, sich mit Philosophie beschäftigen

_____

_____

_____

Was empfinden Sie beim Beantworten dieser Fragen?

_____

_____

_____

Zukunft

Im wissenschaftlichen Bereich gibt es die Zukunftsforschung, die "Futurologie". Futurologie ist der Überbegriff für die nationalen und internationalen Untersuchungen zu Entwicklungen auf den verschiedensten Gebieten. Dazu zählen Veränderungen in der Natur genau so wie Entwicklungen in Politik, Industrie und Wirtschaft.
Eine der wichtigsten Methoden ist dabei die Extrapolation. Das heißt, gesammelte Werte aus der Vergangenheit und der Gegenwart werden erfasst, in Graphiken übertragen und in die Zukunft verlängert. Über diese Extrapolation entstehen Aussagen wie zum Beispiel: „es kann so weitergehen", „es kann aufwärts gehen", „es kann abwärts gehen". Diese Aussagen führen, in die Zukunft ge-

sehen, zu bestimmten Überlegungen und Handlungen. So waren z. B. grundlegende Untersuchungen zu unserem Umweltverhalten ausschlaggebend für eine weitreichende Veränderung unserer Einstellung.
Auch für Sie gibt es bestimmte Kriterien, die Ihr Leben bestimmen. Wie sieht Ihre Statistik aus? Wenn Sie extrapolieren, wie sieht Ihre verlängerte Linie aus? Wollen Sie diese verlängerte Linie, in die Zukunft gesehen, so weiterleben? Oder wollen und müssen Sie etwas verändern? Wenn Sie Ihre Zukunft erfolgreich gestalten und erleben wollen, ist es notwendig die Qualität der jetzigen Lebenssituation festzustellen und die daraus resultierenden sinnvollen Ziele zu entwickeln.

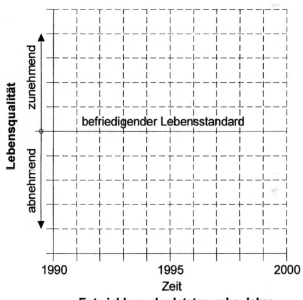

Entwicklung der letzten zehn Jahre

Die Matrix gibt Ihnen die Möglichkeit die Entwicklung der letzten 10 Jahre zu analysieren und grafisch darzustellen. Sie können mit einem Bleistift arbeiten und somit Korrekturen ausführen oder die Seite kopieren um Ihre Gedanken zu visualisieren.
Ermitteln Sie, was gut an Ihrem Alltag ist. Handeln Sie, schreiben Sie es auf. Entwickeln Sie eine Gegenwartsanalyse im Hinblick auf die Zukunft.

Welche Lebenskriterien im privaten Bereich lösen bei Ihnen ein positives Stimmungsbild aus? Welche dieser Kriterien sollen sich zukunftsorientiert positiv weiterentwickeln?

_____

_____

_____

Welche Menschen sind Ihnen im privaten Bereich wichtig?

_____

_____

_____

Warum sind Ihnen diese Menschen wichtig?

_____

_____

_____

Welche Arbeitsbedingungen würden Sie vermissen, wenn Sie diese morgen nicht mehr vorfänden?

_____

_____

_____

Was sind Sie bereit ab sofort zu investieren, um die positive Situation im privaten und beruflichen Bereich zukünftig zu sichern?

_____

_____

_____

**Wenn Sie das getan haben,
stellen Sie sich folgende kritische Fragen:
Was gefällt Ihnen nicht in Ihrem Leben?**

_____

_____

_____

Was hindert Sie Ihre Fähigkeiten stärker als bisher zu leben?

_____

_____

_____

Welche Menschen engen Ihren Lebensbereich ein?

_____

_____

_____

Welche Einflüsse machen Sie ängstlich und gehemmt?

_____

_____

_____

Was möchten oder müssen Sie ändern?

_____

_____

_____

Stellen Sie sich immer wieder die Frage: „Warum ist meine Situation so, und wie ist es dazu gekommen?" Wie stark sind Sie an der jetzigen Situation selbst beteiligt? Waren Sie in der Vergangenheit ein Mensch, der sich eher selbstbestimmt hat oder wurde Ihr Leben hochgradig fremdbestimmt?

- **Wenn Sie künftig Ihr Leben verändern wollen, dann verlangt das von Ihnen die volle Verantwortung für alles Denken, Handeln und Wollen zu übernehmen. Erst dann sind Sie selbstbestimmt.**

Diese Einstellung wird in Ihnen Kraft und Energie auslösen und die Bereitschaft entfalten Ihren Alltag zu gestalten. Sie werden auch eher bereit sein Veränderungen anzunehmen, aus ihnen zu lernen und sie als Chance zu nutzen.

- **Die Bereitschaft zu lernen bedeutet auch die eigene Evolution zu fördern. Sie bewirkt Veränderungen, mit denen Sie Ziele vorbestimmen können.**

Bitte stellen Sie jetzt fest, welche Ziele Sie für Ihre Zukunft sehen und entwickeln wollen. Unterscheiden Sie bitte die drei Lebensbereiche: persönlich, privat und beruflich.

Meine persönliche Zukunft
Beispiele für Ziele:
- Ich werde in Zukunft sorgfältiger auf mein Erscheinungsbild achten.
- Ich werde die Kleider und Farben tragen, die mich attraktiv machen.

- Ich werde ab sofort nicht mehr negativ über andere denken und reden.
- Ich bedanke mich jeden Tag für die Fähigkeiten, die ich habe.

Meine private Zukunft
Beispiele für Ziele:
- Ich will in Zukunft mit meinen nächsten Mitmenschen mehr Kommunikation pflegen.
- Ich will mehr mit meiner Lebenspartnerin / meinem Lebenspartner unternehmen.
- Ich will mehr Zeit für meine Kinder haben.
- Ich will wieder meine Hobbys betreiben.

Meine berufliche Zukunft
Beispiele für Ziele:
- Ich werde innerhalb der kommenden vier Wochen ein Gespräch mit meinen Vorgesetzten führen und mir Rückmeldung geben lassen.
- Ich werde in den folgenden 12 Monaten meine Fremdsprachenkenntnisse erweitern.
- Ich bin entschlossen mich beruflich zu verändern.
- Ich werde mein Verhältnis zu den Kollegen ab sofort verbessern.

Haben Sie Mut zu Veränderungen
Nachfolgende Gedanken sollen Ihnen Mut machen. Wenn Sie die letzten Jahre in eingefahrenen Bahnen gelebt haben, ist es oft schwer von heute auf morgen alles zu verändern.
Haben Sie schon einmal einem Autofahrer zugeschaut, der sein Auto auf einer engen Straße wenden will? Er fährt vorwärts und rückwärts und vorwärts und rückwärts. Sie haben den Eindruck, er rangiert auf einem Fleck. Aber nach einiger Zeit hat er gewendet. Er steht in der neuen gewünschten Richtung und fährt langsam an. Haben Sie Geduld mit sich! Auch das auf dem Fleck betriebene Rangieren ist schon der Weg zu Ihrem neuen Ziel.

Alleine der Versuch ist ein Prozess etwas zu verändern. Auch wenn Sie zwischendurch das Gefühl haben es nicht zu schaffen, machen Sie weiter. Glauben Sie an sich.

Hemingway hat einmal gesagt:

☐ **"Der Mensch darf nicht aufgeben. Der Mensch kann vernichtet werden, aber er darf nicht aufgeben."**

Nachstehend finden Sie verschiedene Fragen. Mit der Beantwortung werden Sie Chancen erkennen, die Zukunft bewusst zu beeinflussen.

Zukunft
Die Zukunft ist Ihre Gegenwart von morgen!
Was tun Sie um erfolgreich und glücklich zu sein?

_____

_____

_____

Wer ist für Ihre Zukunft verantwortlich?

☐	☐	☐	☐
Ihre Eltern	Ihr Lebensgefährte	Andere	Sie selbst

Wo stufen Sie in einer Werteskala von 0 - 100 Ihre Eigenverantwortung ein? 100 = absolut "eigenverantwortlich".

```
├──┼──┼──┼──┼──┼──┼──┼──┼──┼──┤
0  10  20  30  40  50  60  70  80  90  100
```

Bis zu welchem Wert sind Sie fremdbestimmt? ☐

Ab welchem Wert sind Sie selbstbestimmt? ☐

**Wenn Sie fremdbestimmt sind,
können Sie dann Ihr Leben selbst verändern?**

☐ ☐
ja nein

Wie schätzen Sie Ihre Zukunft ein?

☐ ☐ ☐ ☐

negativ   wissen Sie nicht   ist Ihnen egal   positiv

3. Ziele im Persönlichkeitsbereich

Ihre persönliche Biografie ist Ursache des von Ihnen heute geführten Lebens. Eigenverantwortung und Selbstbestimmung verlangen von uns das persönliche Werden mit all seinen Veränderungen bewusst und willentlich zu erleben. Werden bedeutet: Veränderungen, Herausforderungen, neue Wege gehen. Werden ist somit ein dynamischer Prozess. Zielgerichtet Veränderungen anzunehmen setzt voraus sich in der jetzt gelebten Situation zu erkennen und zu wissen, wie Sie jetzt leben. Der Weg der Selbsterkenntnis verlangt von uns kritisch und ehrlich mit uns umzugehen. In der kritischen Auseinandersetzung mit sich selbst, muss die Achtung vor dem eigenen Ich ein wesentliches Kriterium sein. Ziele im Persönlichkeitsbereich verlangen von uns: Erfahrungen der Vergangenheit mit der Dynamik der Gegenwart bewusst auf die Zukunft auszurichten. Ein systematisches Zielmanagement ist dabei die ideale Voraussetzung.

3.1 Die persönliche Evolution

Die Auseinandersetzung mit dem eigenen Ich, der eigenen Persönlichkeit, ist die wesentliche Aufgabe unseres Lebens. Sie sollte immer wieder folgende Fragen bei uns auslösen:

Wer bin ich und wie lebe ich?

_____
_____
_____

Warum lebe ich so und nicht anders?

_____
_____
_____

Wieso übe ich diesen Beruf aus und was veranlasst mich, in dieser Richtung tätig zu sein?

_____
_____
_____

Was erfüllt mich in meinem Alltag, was lehne ich ab?

_____
_____
_____

Wie sehe ich mich selbst?

_____
_____
_____

Wie werde ich von anderen gesehen?

_____
_____
_____

Steht meine Selbstwahrnehmung im Einklang mit der Fremdwahrnehmung?

_____
_____
_____

Was unterscheidet mich von anderen?

_____
_____
_____

Warum lebe ich diesen Unterschied?

_____
_____
_____

Bin ich ein Mensch, der Probleme löst und anderen Kraft schenkt?

_____
_____
_____

Bin ich ein Mensch, der Probleme macht und zur Belastung anderer wird?

_____
_____
_____

Wie denke und spreche ich?

_____
_____
_____

Zielgerichtet Veränderungen anzustreben setzt voraus sich in der jetzt gelebten Situation zu erkennen.

☐ **Selbsterkenntnis setzt voraus kritisch und ehrlich mit sich selbst umzugehen.**

Wer seine Persönlichkeit entfalten will, sollte seine guten Eigenschaften lieben und verstärken. Das, was ihn dagegen eng macht und belastet, sollte er verändern. Die persönliche Entwicklung verlangt von uns Eigenverantwortung und Selbstbestimmung. Daraus entwickeln wir intuitiv richtige und erfolgreiche Verhaltensweisen.

3.2 Eigenverantwortung, Selbstbestimmung

Eigenverantwortung

Eigenverantwortung in Verbindung mit Selbstverwirklichung ist der Weg und die Chance alle großartigen Fähigkeiten und Veranlagungen zu entfalten und zu nutzen. Unsere Persönlichkeit wird erst durch unser aktives Handeln und die selbstbewusste Auseinandersetzung mit dem Umfeld gefördert und verwirklicht.

Andere verantwortlich zu machen ist eine in unserer Gesellschaft häufig praktizierte Form, sich der Eigenverantwortung zu entziehen und sich selbst ein Stück weit aufzugeben. Eigenverantwortung zu übernehmen für alles, was erwartet wird, ist der königliche Weg der bewussten Selbsterfahrung und Selbstverwirklichung. Indem wir das „Echte" in uns nach Außen hin leben, finden wir Achtung und Anerkennung. Die Bereitschaft, unsere intuitiven Fähigkeiten zu nutzen, kann dabei eine große Hilfe sein.

Intuition ist das ganzheitliche Erkennen und Erfahren unseres realen Alltags. Das verlangt von uns möglichst alle Erlebnisse mit Verstand und Gefühl wahrzunehmen und sie bewusst zu betrachten. Unsere Erfahrungen und die von uns gelebten Werte spielen dabei eine große Rolle. Sie geben uns die Chance zu vergleichen, unsere Erfahrungen zu vertiefen sowie veränderte und neue Werte aufzustellen.

Intuition ist der Weg, seine Persönlichkeit als Zentrum zu erkennen. Der Mittelpunkt wird spürbar, wenn Gedanken und Empfindungen zu einem einheitlichen Seelenerleben führen. Es ist getragen von Liebe und Freude, die wir schenken oder empfangen. Es ist aber auch getragen von Leid und Misserfolgen, die wir annehmen und zu Erfahrungen verarbeiten.

Aus der Mitte zu leben ist die Fähigkeit, sich selbst und seine Mitmenschen als einmalige Wesen zu respektieren und sein Handeln dementsprechend auszurichten. Der Weg in das eigene Zentrum führt ausschließlich über ein aktives Leben. Eine Aktivität, die von Willen und Verantwortungsbewusstsein getragen ist.

Diese Verantwortung verlangt auch, sich selbst anzunehmen und sich zu respektieren. Sie erfasst unser ganzes Denken und Handeln.

❐ **Sich frei machen von jedem "wenn" und "aber" wird uns innerlich aufrichten, unseren Willen stärken und uns zu einem entschlosseneren Handeln führen.**

Nachstehend zwei Fragen, die Ihnen helfen Ihre Gedanken zu erkennen mit dem Ziel sie sinnvoll zu verändern.

Wie oft entwickeln Sie in Ihren Gedanken und in Ihrer Sprache Schuldzuweisungen gegenüber anderen? Stellen Sie fest, welche Schuldzuweisungen Sie am häufigsten machen.

_____

_____

_____

_____

Schreiben Sie auf, was sich eventuell in Ihrem Leben verändert, wenn Sie ab sofort die totale Eigenverantwortung für Ihr Denken und Handeln übernehmen?

_____

_____

_____

_____

Selbstbestimmung

Der Mensch lebt in einem permanenten Prozess der gegenseitigen Beeinflussung. Wir leben in einem vernetzten System. Alles ist miteinander verbunden. Vernetzt und verbunden sein bedeutet Abhängigkeit. Wenn wir uns hier die Frage stellen: „Wo liegen die Grenzen meiner Selbstbestimmung?", werden wir feststellen, dass die Abhängigkeit teilweise sehr groß ist. Wir leben in einem Verbund. Wir nutzen z. B. in einer Kommune alle Leistungen öffentlicher Institutionen und sonstige Annehmlichkeiten, die uns geboten werden. Aber innerhalb dieses Gefüges können wir vieles selbst bestimmen und Entscheidungen treffen, die wir in dem jeweiligen Moment für richtig halten und die Veränderungen herbei führen. Selbstbestimmung heißt auch entscheiden. Oft nutzen wir die vorhandenen Spielräume nicht aus. Es ist sinnvoll in allen Lebensbereichen die wirklichen Grenzen zu erspüren. Viele Menschen stellen dabei fest, dass sie es können und auch machen dürfen. Selbstbestimmung bedeutet aktiv sein, agieren anstatt zu reagieren.

- **Entscheidungen treffen bedeutet oft: sich trennen, verabschieden und Entwicklungen bewirken.**

Bitte beantworten Sie die nachstehenden Fragen und ziehen Sie ein Resümee aus Ihren Antworten.

Notieren Sie fünf Situationen, in denen Ihnen andere Menschen sagen, was Sie zu tun haben.

___

___

___

___

___

Was können Sie tun, dass Sie in diesen Situationen nicht reagieren, sondern agieren?

_____

_____

**Was wird sich in Ihrem Leben verändern,
wenn Sie passives Verhalten in aktives Handeln umsetzen?**

_____

_____

3.3 Selbstverwirklichung, Selbstwertgefühle, Selbstbewusstsein

Es ist die Aufgabe eines jeden Menschen, nach jener höchsten Vollendung zu streben, zu der er aufgrund seiner Veranlagungen fähig ist. Sich selbst zu verwirklichen verlangt von jedem Menschen sich ganz in Alltagsprozesse einzubringen. Erst in der Auseinandersetzung mit den unterschiedlichsten Lebensfragen des Alltags werden wir erkennen, zu was wir fähig sind. Dabei spielt die Berührung mit anderen Personen eine wesentliche Rolle. Im Umgang mit anderen erfahren wir einen Prozess, in dem wir lernen und Selbsterkenntnisse erfahren. Dabei haben wir die Möglichkeit, Selbstwertgefühle und Selbstbewusstsein zu entwickeln.

❐ **Selbstverwirklichung verlangt von uns
ein hohes Maß an Selbstbestimmung.**

Selbstverwirklichung

Selbstverwirklichung verlangt von jedem Menschen die Bereitschaft alle seine Fähigkeiten und Ressourcen in Einklang mit dem

Umfeld einzubringen. Nur über das aktive Verhalten besteht die Möglichkeit, das Potential seiner eigenen Ressourcen kennen zu lernen. Das heißt aber auch seine eigenen Grenzen zu erfahren. Häufiges Schweigen, Hemmungen oder gar Ängste sind die größten Feinde auf dem Weg zur Selbstverwirklichung. Aus vielen Beispielen ist bekannt, dass auch Manager in Besprechungen aus Angst negativ aufzufallen wichtige Problemlösungsbeiträge verschweigen. Diese werden dann von anderen präsentiert und von den Zuhörern begeistert aufgenommen. Die Überwindung dieser Hürden bietet die Möglichkeit, die eigene Persönlichkeit zu entfalten und auch zu leben. Viele Menschen sind aufgrund verschiedener Einflüsse und Zwänge weder bereit noch in der Lage, ihre hervorragenden Veranlagungen und Fähigkeiten erkennbar zu machen. Für diese Personen ist es wichtig, ihr Selbstbewusstsein zu stärken, damit sie die eigenen Ressourcen sinnvoll nutzen und in eine Gemeinschaft einbringen können.

Damit verbunden entsteht die Frage, welcher Weg dem einzelnen Menschen die größte Chance gibt, sein Ich zu erkennen, zu entfalten und zu leben. Eine der wesentlichen Schwierigkeiten auf dem Weg der Persönlichkeitsentfaltung ist das Spiel der Kräfte zwischen dem Selbst und der Beziehung zu anderen Menschen. Sich selbst ganz zu leben bedeutet immer auch ein bestimmtes Maß an Egoismus erkennbar zu machen. Egoismus wiederum, möglicherweise gepaart mit einer Portion Rücksichtslosigkeit, wird von anderen Menschen abgelehnt und schafft zwischenmenschliche Probleme.

Bedürfnisse wie Geltung, Anerkennung, Akzeptanz oder Erfolg können erst in der Begegnung mit anderen Menschen erfahren werden. Aus dieser Perspektive betrachtet findet jede Führungskraft im Umgang mit anderen Menschen sehr gute Bedingungen an ihrer Selbstverwirklichung zu arbeiten. Dies verlangt jedoch, sich nicht nur auf der Ebene der Sachzwänge und den damit verbundenen unternehmerischen Zielen auseinanderzusetzen, sondern sich bewusst der Personalverantwortung zu stellen. Die beste Möglichkeit das eigene Potential zu entwickeln und eine persönliche Evolution zu erfahren ist, sich individuell auf Personen einzustellen, ihr Verhalten zu verstehen und gewillt zu sein, sie situativ zu beeinflussen.

Prüfen Sie bitte die folgenden Fragen. In Ihren Antworten werden Sie erkennen, welche eventuellen Konsequenzen notwendig sind.

Wie schätzen Sie Ihre bisherige Selbstverwirklichung ein?

___

Wie stark empfinden Sie Ihre berufliche Tätigkeit als Selbstverwirklichung?

___

Wie bewusst sind Sie bereit zu lernen und in Ihre Selbstverwirklichung zu investieren?

___

Selbstwertgefühle

Selbstwertgefühle sind die Empfindungen, die bei einem Menschen ausgelöst werden, wenn er sich mit seiner eigenen Person auseinandersetzt. Interessant ist, dass wir im allgemeinen davon ausgehen, dass das Umfeld uns genauso bewertet, wie wir uns selbst einschätzen.
Dies trifft jedoch in vielen Fällen nicht zu. Von wenigen Ausnahmen abgesehen, schätzen sich viele Menschen selbst wesentlich niedriger ein, als dies von den Menschen ihres Umfeldes getan wird. In vielen Seminaren, vor allem in Verbindung mit Video- und Gruppenanalysen, wurde diese These immer wieder bestätigt.
Es ist für jeden Menschen wichtig zu lernen, sich richtig einzuschätzen. Das heißt auch, alle die Werte zu erkennen und zu bejahen, die er durch sein aktives Denken und Handeln lebt.
Die hier angesprochenen Werte können sein:
- Ein gepflegtes Erscheinungsbild,
- Ehrlichkeit,
- Zuverlässigkeit,
- Fairness gegenüber anderen,
- hohe Fachkompetenz,
- zielorientiertes Denken und Handeln.

Diese, aber auch viele andere gelebte Werte sollten Sie bei sich erkennen und bejahen. Denn mit der Bejahung stabilisieren und verstärken Sie diese Werte in sich.

❒ **Menschen, die sich selbst nicht wertschätzen, erhalten auch von anderen keine Wertschätzung.**

Die folgenden Fragen können teilweise erkennbar machen, wie bewusst Ihnen Ihre Selbstwerte sind:

**Wie oft und in welchen Situationen
fühlen Sie sich missverstanden?**

_____

_____

Welche Gründe erkennen Sie in dieser Einschätzung?

_____

_____

**Schreiben Sie fünf Kriterien auf,
die Sie als Mensch wertvoll machen.**

_____

_____

Selbstbewusstsein

Das Bewusstsein Ihrer selbst setzt voraus, dass Sie Ihre eigenen Werte in die Bewusstseinsebene transformieren. Selbstbewusstsein steht in engem Zusammenhang mit diesen Werten. Ich weiß, wie ich denke. Ich weiß, wie ich spreche. Ich weiß, wie ich handle. Dadurch wird mir auch bewusst, wer ich zu diesem Zeitpunkt bin.
Wenn wir ein starkes Selbstbewusstsein in uns aufbauen wollen, müssen wir uns aber auch deutlich im Klaren sein, dass wir trotzdem nie perfekt sein werden.
Auch der Misserfolg kann letztlich dazu beitragen, das Selbstbewusstsein der betreffenden Person zu stärken. Dies setzt jedoch voraus, dass der Misserfolg als ein wesentliches Erlebnis gesehen und angenommen wird. Ein Erlebnis, das als Erfahrung unser Leben bereichert.
Selbstbewusstsein ist gekoppelt mit der Bereitschaft, die volle Verantwortung für das eigene Leben zu übernehmen, für sich selbst zu entscheiden; sein ganzes Leben mit all seinen Erfolgen und Misserfolgen, mit seiner Vergangenheit, Gegenwart und Zukunft

voll zu verantworten, löst neue und zusätzliche Energien in uns aus und stärkt das Bewusstsein.

Selbstbewusstsein hat nichts mit Überheblichkeit oder sogar Arroganz zu tun. Arrogante Menschen sind im allgemeinen solche Personen, die fehlendes Selbstbewusstsein überspielen und über diese aufgesetzte, künstliche Sicherheit arrogant wirken. Ein selbstbewusster Mensch ist offen, kommunikationsfähig, steht zu seinem Verhalten und ist belastbar. Je höher das Selbstbewusstsein eines Menschen ist, desto höher ist auch seine Belastbarkeit.

Welche Konsequenzen können Sie aus den Antworten folgender Fragen ableiten?

Wie hoch schätzen Sie Ihr Selbstbewusstsein ein?

___

___

In welchen Situationen schweigen Sie, obwohl Sie etwas zu sagen hätten?

___

___

Schreiben Sie zehn positive Eigenschaften und Verhaltensweisen von sich auf.

___

___

___

___

___

___

Welches Resümee ziehen Sie aus Ihren Antworten?

_____

_____

_____

Welche Entscheidungen leiten Sie daraus ab?

_____

_____

_____

3.4 Umgang mit Konflikten

Sehr vielen Menschen fehlt Konfliktbereitschaft. Darunter verstehen wir, dass die betreffenden Personen viele Situationen nur ertragen. Sie sind nicht gewillt, über die empfundenen Unterschiede zu kommunizieren. Ursache für dieses passive Verhalten ist die Befürchtung, dass durch ein aktives Auftreten und der damit verbundenen Meinungsäußerung Disharmonien entstehen. Wir müssen jedoch begreifen, dass jedes kritische Gespräch sinnvolle Veränderungen herbeiführen kann.

- **Jeder Konflikt wird zu einer Chance,
wenn er in einer offenen und fairen Weise erörtert wird.**

Der Konflikt ist ein ganz natürlicher Vorgang im Bereich zwischenmenschlicher Beziehungen. Zu dieser Aussage einige Beweise: Jeder Mensch hat seine eigene Geburtsstunde, seinen eigenen Geburtsort, sein eigenes Elternhaus und seine eigenen Verwandten und Bekannten. Hinzu kommt die Schulbildung bis hin zu einem eventuellen Studium sowie die Berufsausbildung. Darüber hinaus hat er persönliche Wertvorstellungen vom Leben und daraus resultierende Anschauungen und Ziele.

Diese aus dem Leben gesammelten Erfahrungen lösen unterschiedliche Ansichten, Gefühle und Interessen aus. Daraus resultieren Konflikte. Es gab sie früher, und sie werden auch heute und morgen wieder auftauchen. Entscheidend ist dabei nicht, dass es Konflikte gibt, sondern wie wir mit ihnen umgehen.
Mit der Bereitschaft den Konflikt als eine Normalität zu sehen, werden wir die Kraft finden Konflikte anzunehmen und sie klären. Diese Konfliktbereitschaft gilt es für viele Menschen zu üben.

❏ **Der Konflikt ist eine Chance, birgt Entwicklung und Evolution.**

So lange Sie Disharmonien aus dem Wege gehen und schweigen, wenn ein Gespräch notwendig ist, werden Sie ein Gefühl der Unterlegenheit in sich spüren. Konfliktbereitschaft hat nichts damit zu tun andere Menschen zu kränken und sich selbst zu profilieren. Konfliktbereitschaft bedeutet über eine faire Kommunikation die Klarheit zu entwickeln, die bei allen beteiligten Personen Verständnis auslöst. Auf diese Weise mit Konflikten umzugehen nennen wir Konfliktmanagement. Ein Leben ohne Konflikte ist nicht denkbar. Wer Konflikten aus dem Weg geht, entwickelt sogenannte Konfliktvermeidungsstrategien. Das sind Verhaltensweisen, die sich als Blockaden und somit negativ bemerkbar machen. Ein konsequentes Ja zu Konflikten schafft folgende positive Voraussetzungen:

Der Konflikt ist etwas „Normales"

Konflikte bearbeiten Unterschiede
Hier gilt es zu überprüfen, welch unterschiedliche Meinungen, Ansichten und Erfahrungen Ursache für den Konflikt sind.

Konflikte schaffen Gruppeneinheitlichkeit
Ein Team, das über auftretende Konflikte gründlich kommuniziert, baut Spannungen ab und führt die einzelnen Mitglieder zu einem abgestimmten Verhalten.

Konflikte als komplexe Information
Je nach Konfliktart können in der gemeinsamen Lösung des Konflikts Zusammenhänge noch einmal besser erkannt und zielgerichtet genutzt werden.

Konflikte bewirken Gemeinsamkeit
Objektive und in die Tiefe gehende Gespräche über einen Konflikt helfen Gemeinsamkeiten zu erkennen und zu entwickeln.

Konflikte garantieren Veränderungen
Ein Konflikt kann nur über Veränderungen gelöst werden. Diese Veränderungen finden auf der Beziehungsebene bzw. auf der Sachebene statt.

Konflikte zeigen Werte des Bestehenden
In dem gemeinsamen Ringen nach Klarheit werden bestehende Werte deutlich. Sie können je nach Situation erhalten, ergänzt oder auch verändert werden.

Konflikte, Chancen der persönlichen Evolution
Die willentliche Auseinandersetzung mit Konflikten wird zur Wahrnehmung unterschiedlicher Anschauungen. Auf diese Weise entwickelt sich Erfahrung im Umgang mit anderen Menschen, Klarheit in der Betrachtung eigener Werte und ein stärkeres Selbstbewusstsein.

Konflikte, Dynamik des Erfolgs
Die Bereitschaft sich Konflikten zu stellen, sie auf der kommunikativen Basis fair zu lösen, entwickelt Akzeptanz und Anerkennung.

**Verschiedenartige Verhaltensweisen
sind Hinweise auf Konflikte**
- Ablehnung und Widerstand
- Sturheit und Uneinsichtigkeit

- Aggressivität und Feindseligkeit
- Überkonformität, Desinteresse
- Formalität, fehlende Aktivität
- Leistungsabfall, Qualitätsverlust

Konflikt-Formen

Grundsätzlich unterscheiden wir zwei Konfliktformen. Es sind dies die offenen und die versteckten Konflikte.

Die offenen Konflikte
Offene Konflikte sind Situationen, in denen Spannungen und Disharmonien zwischen zwei oder mehreren Menschen erkennbar sind. Viele Erfahrungen im Umgang mit offenen Konflikten beweisen, dass der offene Konflikt eine Chance ist, den Kontakt zwischen den betroffenen Personen zu verbessern und zu verstärken. Aus dieser Erfahrung heraus ist auch der Satz zu verstehen:

❏ **Ein offener Konflikt
kann wie ein reinigendes Gewitter sein.**

Ein offener Konflikt bringt Klarheit und schafft Übereinstimmung. So lassen sich Kompromisslösungen bis hin zum Konsens entwickeln. Bei den offenen Konfliktformen gibt es unterschiedliche Arten:

Der Beziehungskonflikt
Der Beziehungskonflikt findet ausschließlich auf der emotionalen Ebene statt. In diesem Fall ist die Beziehung zwischen mindestens zwei Menschen gestört. Sie entwickelt sich oft aus Missverständnissen oder aus einer fehlenden Achtung vor dem anderen. Diese fehlende Achtung kann bewusst und gewollt gezeigt werden, ist aber in den meisten Fällen auf Grund mangelnder Überlegungen entstanden. Grundsätzlich sind Konflikte besser zu verstehen, wenn wir die wichtigsten Motive der erwachsenen Menschen näher betrachten.

Diese Motive sind:
- Geltung
- Anerkennung
- Erfolg
- Sicherheit
- Bequemlichkeit.

Zur Abrundung dieser Information sei noch festgehalten, dass diese Motive des berufstätigen Erwachsenen bei Kindern dem Bedürfnis nach Liebe, Wärme und Aufmerksamkeit entsprechen. Diese Bedürfnisse sind in jedem Menschen angelegt. Je nach Selbstbewusstsein und Lebenserfahrung können sie unterschiedlich ausgeprägt sein. Gleichgültig, ob Sie es mit jungen Menschen oder Älteren, mit Geschäftspartnern oder Angehörigen der eigenen Familie, mit Mitarbeiterinnen und Mitarbeitern oder mit Ihnen übergeordneten Führungskräften zu tun haben, die Bedürfnisse im psychologischen Bereich sind immer vergleichbar.

Der Beurteilungs- bzw. Bewertungskonflikt
Der Beurteilungskonflikt erfasst die unterschiedlichen Ansichten über Größe, Mengen, Formen, Schnelligkeit und Farben. Der Bewertungskonflikt entsteht durch die verschiedenen Meinungen, was z. B. schön, gut, attraktiv ist.
Interessant und hilfreich ist es, einen Begriff aussagepsychologisch zu betrachten. In dem Wort Beurteilung ist im wesentlichen die Aussage Urteil enthalten. Einzelne Menschen bzw. auch Gruppen haben ein Urteil gefällt, und mit diesem Urteil sind spezifische Wertigkeiten verbunden. In einem Beurteilungskonflikt besagt dies, dass von zwei oder mehreren Parteien die gleiche Situation unterschiedlich bewertet wird. Daraus entsteht schließlich der Konflikt.
Beurteilungs- bzw. Bewertungskonflikte resultieren häufig aus einem unterschiedlichen Informationsstand. Die voneinander abweichenden Informationen sind Ursache der verschiedenen Bewertungen. Auch diese Konfliktform entsteht aus einem ganz natür-

lichen zwischenmenschlichen Prozess. Gerade bei Beurteilungs- bzw. Bewertungskonflikten hilft der Austausch von Informationen und ein offenes Gespräch. So kann schnell eine gemeinsame Zielbildung entwickelt werden.

❐ **Über eine offene und ehrliche Kommunikation lassen sich Konflikte lösen und entscheiden.**

Ein sinnvolles Konfliktmanagement verlangt von jedem Mitarbeiter und jeder Mitarbeiterin die Erfüllung bestimmter Kriterien. In diesem Zusammenhang beantworten Sie sich bitte folgende Fragen:

Welche generelle Einstellung habe ich zu Konflikten?

_____

_____

Bin ich sensibel genug um Konflikte zu erkennen?

_____

_____

Welchen Konflikten bin ich in der Vergangenheit aus dem Weg gegangen und warum?

_____

_____

Wie oft war ich an diesen Konflikten selbst beteiligt?

_____

_____

Was habe ich aus den in der Vergangenheit gelösten Konflikten gelernt?

_____

_____

Wie werde ich in Zukunft mit Konflikten umgehen?

_____

_____

Wie oft habe ich Konfliktsituationen mit Kollegen?

_____

_____

Wie denken andere über meine Konflikte?

_____

_____

**Welchen persönlichen Erfolg
glaube ich mit meiner Konfliktbereitschaft zu erzielen?**

_____

_____

**Wie fühle ich mich nach einem Konfliktgespräch
mit einem Vorgesetzten?**

_____

_____

**Welche Möglichkeit habe ich,
Konflikte mit Vorgesetzten zu vermeiden?**

_____

_____

Welches Resümee ziehen Sie aus den Antworten auf Ihre Fragen?

_____

_____

Welche Entscheidungen treffen Sie dazu?

_____

_____

Die versteckten Konflikte

Der offene Konflikt bietet die Möglichkeit durch Kommunikation Situationen zu klären und das Miteinander schnell wieder ins Gleichgewicht zu bringen.
Wesentlich brisanter und auch gefährlicher ist dagegen der versteckte Konflikt. In dem Wort versteckt ist das eigentliche Problem dieser Konfliktform erkennbar. Übersetzt heißt dies, im zwischenmenschlichen Bereich ist etwas versteckt, das den harmonischen und natürlichen Ablauf stört.
Der versteckte Konflikt ist der wesentlich einflussstärkere Konflikt, und das in negativer Weise. Die Ursache für jegliche Art von Konflikten ist immer die fehlende Übereinstimmung. Mit anderen Worten: Irgend etwas stimmt nicht, und dieses nicht Stimmige ist der Grund für Demotivation bis hin zu fehlender Qualität in der Leistung.
Es gibt eine Vielzahl von versteckten Konflikten, die sich nach relativ kurzer Zeit von alleine auflösen. Es sind solche Disharmonien, die situativ negative Emotionen entwickelt haben, aber nur einseitig wahrgenommen wurden. Es sind vorübergehende Verstimmungen, die sich über ein natürliches und ungezwungenes Verhalten ausgleichen. Wir dürfen jedoch nicht davon ausgehen, dass sich alle nicht besprochenen Konflikte ohne unser Zutun lösen. Wenn wir einen schwelenden Konflikt erkennen, ist es sehr wichtig ihn kurze Zeit zu beobachten um ihm dann entgegenzutreten. Überall da, wo versteckte Konflikte gelebt werden, sind große Kräfte und Energien blockiert. Diese nicht genutzten Kompetenzen sind dann häufig die Ursache für fehlende Kreativität. Erfolge und das damit verbundene natürliche Wohlbefinden bleiben aus.

☐ **Oft sind Konflikte nichts anderes als Missverständnisse.**

Konflikt-Felder können entstehen in:
- Partnerschaften
- Gruppen
- Organisationen
- Institutionen
- oder Systemen.

In den genannten Konfliktfeldern finden wir eine unterschiedliche Vielzahl von Menschen mit vergleichbaren Zielen, aber oft mit unterschiedlichen Erfahrungen und Meinungen. Die verschiedenen Betrachtungsweisen sind oft Ursache von Konflikten.

Umgang mit Konflikten

Eine sogenannte Konfliktlösungsstrategie wird von den Menschen sehr unterschiedlich entwickelt. Für sensible, feinfühlige und empfindsame Menschen besteht die „Lösung" darin, dem Konflikt aus dem Weg zu gehen. Vom Grundsatz her ist es keine Lösung, sondern eine für sie brauchbare Vermeidungsstrategie, die als Lösung empfunden wird. Ein Konflikt ist erst dann gelöst, wenn wir uns der Situation stellen, die Konfrontation suchen und die dabei entstehenden unangenehmen Gefühle ertragen. Für jeden Menschen ist es wichtig sich in einer ehrlichen Weise einzugestehen, wie er mit Konflikten umgeht. Im folgenden sind verschiedene Möglichkeiten im Umgang mit Konflikten festgehalten:

Flucht
Hierunter verstehen wir, dass sich der Mensch aus Ängstlichkeit dem Konflikt nicht stellt. Veränderungen werden nicht gewollt, sondern aus Furcht herbeiführt. Im Beruf ist das häufig mit einer Kündigung verbunden. Es gibt Menschen, die sind ein Leben lang auf der Flucht. Sie sind nicht bereit, sich bestimmten Situationen zu stellen um dadurch Klarheit zu entwickeln, und auf diesem Weg ein Stück Freiheit zu erfahren. Hier gilt die Philosophie, dass uns

eine schwierige Lebensfrage so oft begegnet, bis wir sie gelöst haben. Flucht bedeutet Unterlegenheit, nicht gelebte Persönlichkeitswerte und Stillstand in der Persönlichkeitsentfaltung. Es ist die Aufgabe eines jeden Einzelnen, sein Verhalten in Konfliktsituationen zu überprüfen. Sollten Sie feststellen, dass ihre Konfliktlösungsstrategie ein Fluchtverhalten erkennbar macht, müssen Sie die Situation gründlich durchdenken. Werden Sie sich bewusst, dass die willentliche Auseinandersetzung zwar auch zu einer Trennung führen kann, sie aber für sich beanspruchen dürfen nicht geflüchtet zu sein. In acht von zehn Situationen führen ausgetragene Konflikte zu einem Konsens. Häufig entsteht sogar ein starkes Miteinander bis hin zu Freundschaften. Suchen Sie nach einer Lösung. Entwickeln Sie die Konfrontation schriftlich oder mündlich, aber suchen Sie nicht die Flucht.

Vernichtung
Der Prozess der Vernichtung wird immer wieder in sehr engen Beziehungen angestrebt. Zwar wird der Mensch nicht physisch vernichtet, aber es ist das Bestreben des Stärkeren den anderen in seiner Psyche so zu schwächen, dass jeglicher Widerspruch beseitigt ist. Solche Prozesse laufen häufig auf sehr subtiler Ebene ab, die situativ durch Machtgebaren gestützt wird. Der Stärkere will den Schwächeren als unterlegenes Subjekt erfahren.
Werden Sie sich bewusst, dass solche negativ ausgerichteten Menschen in der Tiefe ihres Herzens schwach und feige sind. Es ist ihnen ein Bedürfnis andere Menschen auf ihr eigenes empfundenes Seelenerleben herunterzuziehen. Erst jetzt fühlen sie sich wohl. Das erkennbare Leid des Unterdrückten bedeutet für sie Genugtuung und Erfolg. Wer solche Menschen in seiner Nähe spürt, ist verpflichtet, den offenen, wenn notwendig heftigen Konflikt zu suchen. Diese Qualität der Auseinandersetzung wird nicht nur Ihnen, sondern auch den anderen helfen aus seinem Negativbild herauszufinden.

Unterordnung
Viele Menschen haben das Bedürfnis in Ruhe und Frieden zu leben. Ungerechtigkeiten werden ertragen. Diese Personen praktizieren in vielen Situationen ihre eigene Konfliktvermeidungsstrategie.
Entscheidend ist, dass Sie ihr eigenes Verhalten erkennen und auch verändern wollen. Unterordnung geht im allgemeinen mit einem hohen Harmoniebedürfnis einher. Dies bedeutet zwar oft Frieden, aber keine Weiterentwicklung. Gefühle werden unterdrückt, Energien blockiert und die persönliche Weiterentwicklung gehemmt. Suchen Sie das Gespräch mit den entsprechenden Personen. Sagen Sie, was Ihnen gefällt, aber auch, was Sie stört. Eine offene Kommunikation hilft allen Beteiligten weiter.

Delegation
Viele Beispiele erfahren wir in Familien. Zum Beispiel hat die Mutter einen Konflikt mit ihrem Sohn. Diesen delegiert sie an den Vater. Sie weicht der Auseinandersetzung mit dem Satz aus: „Rede mit ihm, mach ihm klar, dass es so nicht weiter geht." In der Industrie werden häufig Konflikte an Vorgesetzte, Personalstellen, Betriebsrat oder externe Berater zur Klärung weitergegeben. Die zuständigen Personen sind nicht bereit, sich konsequent mit den Konflikten auseinanderzusetzen. Lieber nehmen sie fremde Hilfe in Anspruch.
Diese Konfliktlösungsstrategie ist legitim. Wichtig ist, dass Sie sich selbst prüfen, ob Ihre Entscheidungen sinnvoll sind oder aus Feigheit bzw. fehlender Konfliktbereitschaft resultieren. Wichtig ist, dass Sie bei dieser analytischen Betrachtung Ihrer Entscheidungen ehrlich gegen sich selbst sind.

Kompromiss
Wir alle kennen den Satz: Es ist ein fauler Kompromiss. Andererseits müssen wir uns bewusst machen, dass Kompromisse zwar nicht die ideale Lösung sind, aber ermöglichen nebeneinander zu leben. Eine Kompromisslösung verlangt Gespräche, Diskussionen

und Vereinbarungen, die von allen Seiten zu akzeptieren sind. Auch hier ist die Voraussetzung eine offene und ehrliche Kommunikation.

Konsens
Die Beteiligten gehen aufeinander zu und entwickeln echte Lösungen. Der Konsens bedeutet Klarheit, Gemeinsamkeit, Zielvereinbarung und ein Wohlbefinden aller beteiligten Personen. Häufig ist die Voraussetzung für den Konsens eine offene, faire und tiefgreifende Kommunikation. Alle Fakten werden offenbart, diskutiert und zu einer Einigung geführt. Der erarbeitete Konsens entwickelt häufig eine Gemeinsamkeit und Zusammenarbeit auf hohem Niveau. Diese Qualität des Miteinander bietet nicht nur die Möglichkeit der Information, sondern auch die Chance voneinander zu lernen. Gegenseitige Achtung und Respekt wird gelebt und gepflegt.

- **Ein erfolgreiches Konfliktmanagement setzt voraus, dass Sie Ihrem Gesprächspartner die Chance geben sein Gesicht zu wahren.**

Das bedeutet, dass Sie ein von Achtung und Respekt getragenes strategisches Verhalten entwickeln. Schuldzuweisungen führen häufig zur Verhärtung der Situation und auch zu neuen Konflikten. Sinnvoll ist es, die Situation objektiv anzugehen oder sogar Schuldverhalten auf sich zu nehmen. Nachstehend einige Beispiele, wie Sie sinnvoll ein Konfliktgespräch beginnen können:

Herr X,Y, ich habe den großen Wunsch mich mit Ihnen auszusprechen.
Frau X,Y, ich bitte Sie mir zu sagen, welche Ursache Ihr verändertes Verhaltens hat.
Herr X,Y, sehen Sie eine Chance, dass wir zusammen eine Tasse Kaffee trinken und uns dabei aussprechen?
Frau X,Y, für mein Verhalten letzte Woche möchte ich mich entschuldigen. Ich würde mich freuen, wenn wir zusammen eine Tasse Kaffee trinken könnten.

❏ In Konfliktsituationen einen Teil Schuld auf sich zu nehmen hat nichts mit Unterwürfigkeit oder Ansehensverlust zu tun. Diese Art Konflikte zu lösen ist grundsätzlich Ausdruck von Stärke.

3.5 Umgang mit spirituellen Lebensfragen

Immer dann, wenn wir uns auf der geistigen Ebene mit Lebensfragen auseinandersetzen und Antworten entwickeln, wird ein Stück Spiritualität gelebt. In diesem Buch sind es die vielen Fragen, die Sie in eine jeweils spezifische spirituelle Richtung führen. Sie als Leser sind somit auf der geistigen Ebene gefordert sich mit Lebensfragen gezielt auseinanderzusetzen. Realität und mentale Kräfte finden zu einer Einheit. Ein erfolgreiches Leben ohne spirituelle Aktivitäten ist nicht möglich. Die auf der gedanklichen Ebene durchgeführten Analysen und daraus resultierenden Synthesen sind spirituelle Akte, in denen sich unsere Zukunftsperspektiven spiegeln. Spiritualität bedeutet auch das Bedürfnis die Verhaltensweisen anderer Menschen zu erkennen und zu begreifen. Hierbei ist zu unterscheiden, dass dies nichts mit Spiritismus zu tun hat. Spiritualität ist eine geistig kreative Kraft, während Spiritismus sich dem Okkultismus zuwendet. Spiritualität sucht nach Erkennen, Begreifen und positiven Veränderungen. Sie sucht danach bewusst Wege zur Evolution zu finden und zu gehen.

❏ **Spiritualität bedeutet Vordenken ein Ausdehnen von Grenzen, Visionen zu entwickeln um kreative Vorstellungen zu verwirklichen.**

In allen Lebensbereichen wird das spirituelle Denken zunehmen und das Leben auf eine höhere Ebene führen. Sei es in den Geisteswissenschaften, in der Industrie, auf politischer Ebene oder dem allgemeinen Miteinander, überall wird uns ein verändertes

Denken begegnen. In der Industrie ist z. B. noch nie so viel über Visionen, Kreativität und Innovation gesprochen worden wie in den letzten Jahren. Dabei spielt eine liebevolle Gesinnung zum Wesen Mensch die entscheidende Rolle.

❒ **Verantwortung gegenüber dem Leben ist die Voraussetzung für ein erfolgreiches und glückliches Dasein.**

Die Menschen, die sich gegen diese Entwicklung wehren und sie nicht leben können, werden an ihrer eigenen Unzulänglichkeit scheitern.

**Was empfinden Sie,
wenn Sie den Begriff Spiritualität wahr-nehmen?**

_____

_____

Warum ist für Sie - in die Zukunft gesehen - spirituelles Denken und dementsprechendes Handeln wichtig?

_____

_____

3.6 Umgang mit Misserfolgen und dem eigenen Versagen

Misserfolge oder das Gefühl versagt zu haben sind seelisches Erleben. Die betroffenen Personen leiden nicht nur in der Situation, sondern das negative Gefühl wirkt lange nach. Besonders dann, wenn die Einsicht fehlt, dass Misserfolge jeglicher Art zu unserem Leben gehören und zu einem Schatz von Erfahrungen werden können. Mit der inneren Akzeptanz von persönlichen Niederlagen können starke Lernprozesse ausgelöst werden. Durch fehlende Einsicht werden jedoch Kräfte und Energien blo-ckiert, werden fachliche Fähigkeiten nicht genutzt und die betref-fende Person erscheint inkompetent. Aus den Biographien sehr erfolgreicher Menschen geht hervor, dass diese Persönlichkeiten von Misserfolgen nicht verschont waren. Aber sie fanden immer wieder den Mut, von Neuem zu beginnen. Interessant ist auch den Begriff „versagen" genauer zu analysieren. „Ich habe versagt" heißt ja nichts anderes, als „ich habe mich versagt." Das bedeutet: Ich habe nicht alle meine Ressourcen und Fähigkeiten eingesetzt um die übernommene Aufgabe zu erfüllen bzw. sie zielorientiert zum Erfolg zu führen. „Sich versagen" ist oft durch eine fehlende Konfliktbereitschaft bedingt. Sich durchsetzen zu können, unangenehme Gespräche zu führen oder eine Diskussion zu entfalten sind oft wichtige Voraussetzungen für die Zielrealisierung. Wenn diese Eigenschaften zu wenig oder gar nicht gelebt werden, sind Versagen und Misserfolge vorprogrammiert. Menschen, die so etwas erleben, empfinden diesen negativen Lebensprozess als Leid. Es fehlt ihnen der Mut und die Kraft, solche Erfahrungen als etwas Wertvolles anzunehmen. Häufig sind es Personen mit wenig Selbstbewusstsein. Ich möchte Sie an dieser Stelle mit folgendem Satz konfrontieren:

☐ **Nichts ändert sich im Leben eines Menschen, es sei denn er selbst ändert sich. Wenn er sich ändert, ändert sich mit einer Zeitverzögerung auch das Verhalten des Umfeldes.**

Wenn Sie nach dieser Maxime leben, übernehmen Sie die volle Verantwortung für Ihr zukünftiges Leben. Sollten Sie zur Zeit in einer sehr schwierigen Lebenssituation stecken, dann möchten Ihnen die folgenden Gedanken Mut und Kraft schenken.
Wenn wir Leid zum Beispiel mit der Berufswelt in Verbindung bringen, begegnet uns auf der psychischen und der physischen Ebene viel Schmerz. Versuchen Sie in den vielen Unzulänglichkeiten des Alltags, die Sie als Belastung und Herausforderung erfahren, einen Sinn zu finden. Mit dieser Einstellung werden Sie nicht nur

Erfahrungen sammeln, sondern auch Ihre persönliche Evolution fördern. Die bewusste Auseinandersetzung mit den vielen kleinen und auch größeren Konflikten wird zu einer wertvollen Lebensschule.
Nachstehend zwei philosophische Sätze zum Nachdenken.
Eine chinesische Weisheit sagt:

❐ **Leid ist das schnellste Pferd zur Vollkommenheit.**

Ein anderer Satz lautet:

❐ **Weisheit ist kristallisierter Schmerz.**

Auch dann, wenn wir eine starke bejahende Einstellung zu unserem Beruf haben, bleiben uns schwierige Lebensphasen nicht erspart.
Es ist sicherlich nicht unsere Aufgabe zu leiden. Andererseits können wir Leid als eine Chance begreifen. Es ist ein Weg der persönlichen Evolution.
Leid ist eine Botschaft, die ausdrückt, dass sich etwas verändert hat. Sich gegen Veränderungen zu wehren heißt, sie nicht zu akzeptieren. Wenn wir jedoch Realitäten nicht akzeptieren, heißt das auch, die Situation nicht bewusst zu leben. Aber nur wenn wir erleben, können wir aus dem Sinn des Erlebten lernen und ihn als Erfahrung nutzen.
Es ist für jeden Menschen eine Pflicht sich bewusst mit dem eigenen oder dem Leid anderer auseinanderzusetzen. Sei es mit dem eigenen oder dem anderer. Das Leid anzunehmen und sich ihm willentlich entgegenzustellen, wird uns befähigen, alle Schwierigkeiten des Alltags zu verstehen.

❐ **Einen Sinn im Leid zu sehen,**
   bedeutet, das Leben zu verstehen

Willentlich angenommenes und bewusst durchlebtes Leid bietet die Chance Neues zu erfahren, sich innerlich zu reinigen und sich persönlich weiter zu entwickeln.
Leid begegnet uns in zwei Grundformen: seelisches Leid und kör-

perliches Leid. Der Schmerz ist dabei ein Symptom des Leids. Hier einige Beispiele für die unterschiedlichsten Formen von Leid:

- ein Unfall, der das Leben eines Menschen gänzlich verändert,
- eine Krankheit, die eine bleibende körperliche Behinderung zurücklässt,
- der seelische Schmerz bei einer Trennung, quälende Schuldgefühle aus der Vergangenheit,
- große Ängste, gestellte Anforderungen nicht erfüllen zu können,
- Überforderung durch die Zwänge des Alltags oder durch die engen Wege einer Glaubenslehre,
- die Furcht, nicht anzukommen,
- die Furcht vor Armut.

Ein Leben ohne Schmerz und Leid wird es nur für sehr wenige Menschen geben. Schmerz und Leid gehören ebenso zum Leben wie die Freude, die Liebe, das Glück. Entscheidend ist, wie wir damit umgehen. Können wir darin einen Wert, einen Sinn sehen? Prüfungen in unserem Leben zu bestehen ist eine wesentliche Aufgabe. Wir dürfen in Schmerz und Leid keinen Feind sehen oder sie als eine Strafe betrachten, die uns „geschickt" wurde.

☐ **Wenn wir Leid annehmen, liegt für uns eine Chance darin.**

Leid ist eine Möglichkeit sich selbst kennen zu lernen. Leid bedeutet auch Veränderung.
Eine Veränderung nicht anzunehmen bedeutet zwischen der alten und der neuen Situation zu stehen. Es fehlt die Klarheit und der Weg zu einer neuen Lebensbasis.
Unser Leben unterliegt einem ständigen Wandel. Dieser Prozess kann sich sehr langsam und kontinuierlich vollziehen, aber auch abrupt auftreten, durch:
- den Verlust eines Arbeitsplatzes,
- die Gewissheit, versagt zu haben. Sein eigenes Verhalten als einen Misserfolg wahrzunehmen,

- den Tod eines lieben Menschen als Schicksalsschlag,
- die schmerzhafte Erkenntnis, nicht mehr jung zu sein und dadurch in der Arbeitswelt nicht mehr gebraucht zu werden,
- die Erkenntnis nicht mehr geliebt zu werden.

Diese Beispiele zeigen wie viele andere Situationen Veränderungen in unserem Alltag, die wir annehmen müssen. Dieses Annehmen setzt wiederum die hohe Bereitschaft voraus zu der neuen Situation „ja" zu sagen. Wer das nicht kann und nicht bereit ist zu lernen, der wird auch nicht die Kraft finden aus den Veränderungen neue Erkenntnisse zu ziehen. Er wird nicht in der Lage sein sie als einen Weg der persönlichen Evolution zu nutzen.

Jede Krankheit, jeder Schmerz ist eine Mahnung an uns. Es ist wichtig, dass wir uns die Frage stellen: „Warum leide ich? Woher kommt der Schmerz?" Die nächste Frage muss lauten: „Was soll und kann ich lernen, und wie kann ich die Situation erfolgsorientiert lösen?" Es ist wichtig, dass Sie in einer kritischen Lebensphase nicht verharren, sondern über gewollte Veränderungen die persönliche Evolution fördern.

Bitte beantworten Sie die folgenden Fragen und ziehen Sie daraus Ihre Schlüsse.

Schreiben Sie drei Situationen aus der Vergangenheit auf, die Sie als Misserfolge empfunden haben.

Was haben Sie aus diesen Lebenssituationen gelernt?

Interpretieren Sie mit Ihren Worten die Aussage "Misserfolge sind wie Freunde, wir können viel von ihnen lernen."

_____

_____

Warum hat Versagen nichts mit Unfähigkeit zu tun?

_____

_____

Wie können Sie zukünftig Misserfolge vermeiden?

_____

_____

4. Ziele im Beruf

Der Beruf erfasst einen wesentlichen Anteil unserer Lebenszeit. Dabei spielt es keine Rolle, ob mein aktives Handeln in der Industrie, im Handel, in der Politik oder zuhause stattfindet. Mit der übernommenen Aufgabe haben wir die Möglichkeit unsere Fähigkeiten und Kompetenzen einzubringen. Über das aktive Handeln lernen wir unsere Veranlagung kennen und zu verwirklichen. In der Erfüllung unserer Pflichten werden wir auch die eigene Evolution fördern. Wichtig für den Menschen ist, dass die tägliche Arbeit nicht zu einem Trampelpfad wird, auf dem Gewohnheiten gelebt werden. Es gehört zu unseren Aufgaben das tätige Engagement als eine Chance des Lernens zu begreifen. In der Qualität unserer Leistung spiegeln sich unsere Veranlagungen wider. Wir sammeln Erfahrungen, die zu einem wertvollen Schatz für die Zukunft werden. Voraussetzung für diesen Prozess ist jedoch die geistig seelische Einstellung. Arbeit darf nicht nur als ein Quell materieller Sicherheit, sondern muss als ein Vorgang zur Entfaltung der Persönlichkeit gesehen werden.
Arbeit ist aktives Handeln. Daraus resultieren unsere Erfolge. Es gehört zum Wesen des Menschen, dass er den Erfolg will. Die Qualität und auch der Umfang des Erfolgs ist davon abhängig, wie wir unsere Energien und Kräfte kanalisieren und zielorientiert lenken.

4.1 Situationsanalyse

In die Zukunft gesehen ist es für den berufstätigen Menschen wichtig, das Bewusstsein für seine momentane Situation in der Berufswelt zu schärfen. Dabei sind die positiven Perspektiven wie auch die negativen Seiten klar zu erfassen. Stellen Sie sich einerseits die Frage: „Was ist gut in meinem beruflichen Alltag?" und andererseits: „Was kann ich verbessern?" Gleichgültig, zu welchem Ergebnis Sie kommen, fragen Sie sich, aus welchen Gründen der Ist-Stand so ist.

Prüfen Sie auch, wie intensiv Sie sich mit den negativen Gegebenheiten Ihres Arbeitsplatzes beschäftigen, und wie intensiv Sie Ihre Gedankenkraft auf das lenken, was gut ist. Die Situationsanalyse verlangt ebenfalls, Ihren allgemeinen Wissensstand über wesentliche Theorien aus der Berufswelt zu prüfen.
Die Situation im Beruf ist ein Teil unseres Lebens. Sie erfasst unseren Wissensstand, unsere Aufgaben und die damit verbundene Verantwortung.
Davon ausgehend, dass Sie mit Blick in Ihre berufliche Zukunft nichts dem Zufall überlassen wollen, verlangt dies eine Bestandsaufnahme. Auf den folgenden Seiten finden Sie die Möglichkeit, Ihren derzeitigen Wissensstand zu überprüfen.

Vorgehensweise
In neun Wissensgebieten können Sie Ihren derzeitigen Kenntnisstand festhalten. Dabei ist nicht entscheidend, dass Sie die Themen umfangreich beherrschen. Andererseits sollten Sie in der Lage sein jedes Thema in wenigen Sätzen zu erklären und zu interpretieren. Angenommen, Sie werden gefragt, was Leanmanagement ist, so kann Ihre Antwort wie folgt lauten: „Leanmanagement bedeutet schlank oder auch flach. Es gibt wenig Hierarchieebenen im Unternehmen. Dies bewirkt kurze Wege, intensiven Informationsaustausch und schnelle Entscheidungen. Es ist ein System, welches das gesamte Unternehmen umfasst. Darin eingebettet steht der Mensch im Mittelpunkt des unternehmerischen Geschehens. Diese Kultur erfasst den Mitarbeiter, den Kunden, aber auch den Lieferanten. Ein wesentliches Merkmal von Leanmanagement ist das Qualitätsmanagement auf allen Ebenen."
Die anderen Wissensgebiete wie Projektmanagement, Marketing, Qualitätsmanagement, ABC-Produkte, sowie ABC-Kunden finden Sie inhaltlich in diesem Buch. Der Zielwert ist Ihre Angabe, wie hoch Ihr Kenntnisstand zukunftsorientiert sein soll.
Das zweite Arbeitsblatt bietet Ihnen die Möglichkeit ausgehend von Ihrem Zielwert präzise Ziele zu entwickeln.

Fachkompetenzen
Bewertungsskala (Selbsteinschätzung)
10 - 100 (100=ideal)

Ihr Wissen über	10	20	30	40	50	60	70	80	90	100	Zielwert
Projekt-Management?											
Qualitäts-Management?											
Lean-Management?											
Marketing?											
ABC-Kunden?											
Internationale Märkte?											
Marktposition des Unternehmens?											
Techn. Wissen, Verfahren											

Fachkompetenzen
In welchen Fachgebieten wollen Sie sich verbessern?
Werteskala 10 -100

Fachgebiet	Welchen Wert wollen Sie erreichen?	Bis wann? Datum	Wie wollen Sie das Ziel erreichen? (Literatur, Kurse)	Was kann Sie dabei behindern?	Wer kann Ihnen helfen?
Projektmanagement					
Qualitäts-Management?					
Lean-Management?					
Marketing?					
ABC-Kunden?					
Internationale Märkte?					
Marktposition des eigenen Unternehmens?					
Größte Mitanbieter?					

Wenn Sie die beiden Arbeitsblätter ausgefüllt haben, dann ist es wichtig, dass Sie für sich ein Resümee daraus ziehen.

Zum Beispiel:
**Wie habe ich mich mit meinem bisherigen Wissensstand
in der Berufswelt zurecht gefunden?**

_____

_____

**Wie wichtig ist für mich
die Kenntnis über die einzelnen Gebiete?**

_____

_____

**An welchen Stellen bin ich angehalten,
meinen Wissensstand zu erweitern?**

_____

_____

**Wie werde ich in der Zukunft wahrgenommen, wenn ich mit
meinen Kenntnissen professioneller argumentiere.**

_____

_____

4.2 Selbstwahrnehmung, Fremdwahrnehmung

Der Mensch steht in einem ständigen Prozess der gegenseitigen Beeinflussung. Wenn wir mit anderen Menschen zusammen sind, liegt es in unserem Wesen das Umfeld einzuschätzen. Gegenüber anderen Personen wird dieser Prozess um so intensiver, je wichtiger mir die Begegnung ist. Hier gelten die Wahrnehmungsschritte: erkennen, beurteilen, bewerten. Daraus resultierend entwickeln wir die Wesensschau. Sie erfasst den anderen Menschen in seiner Ganzheit. Erscheinungsbild und Wesen bewirken einen Eindruck. Dieser Eindruck als Fremdwahrnehmung ist insofern wichtig, weil er einen starken Einfluss auf die Akzeptanz hat. Wenn wir in einem länger anhaltenden zwischenmenschlichen Prozess mit bestimmten Personen stehen, geht die Beurteilung und Bewertung über den ersten Eindruck hinaus. Wir entwickeln unser persönliches Image.

Dieses Image wird an vielen Stellen kommuniziert. In der Wirtschaft bedeutet dies, dass unser Gesamtbild, welches wir anderen Menschen vermitteln, einen entscheidenden Einfluss auf Akzeptanz und Erfolg haben. Wichtig ist, dass wir wissen, wie wir gesehen werden. Es genügt nicht, dass wir von uns selbst ein gutes Bild haben. Die Selbstwahrnehmung sollte im Wesentlichen identisch sein mit der Fremdwahrnehmung.

Dies ist leider oft nicht zutreffend. Viele Menschen spüren ihre eigenen Kompetenzen, denken auch in Erfolg, zeigen jedoch nach außen hin ihre Fähigkeiten und Ressourcen zu wenig. Einen Schatz in einer Truhe werden wir erst wahrnehmen, wenn diese geöffnet wird.

- **Für den Menschen bedeutet dies, dass er über aktives Handeln und entsprechende Kommunikation Fähigkeiten und Absichten erkennbar macht.**

Auf den folgenden Arbeitsblättern finden Sie jeweils 28 Beurteilungskriterien und eine Werteskala von 1 bis 6.

Die 1 bedeutet, dass die genannte Eigenschaft kaum oder fast nicht vorhanden ist.

Die 6 besagt, dass die einzelnen Beurteilungskriterien so intensiv gelebt werden, dass sie kaum zu steigern sind.

Jedes Arbeitsblatt gibt es in doppelter Ausfertigung: einmal für Sie als Selbstwahrnehmung, und in der gleichen Ausstattung als Gegenkontrolle mit Fremdwahrnehmung. Erfasst wird somit: Wie sehe ich mich selbst und wie wirke ich auf andere?

Füllen Sie das Blatt „Selbstwahrnehmung" aus, und überprüfen Sie im Nachhinein nochmals Ihre Einschätzung. Das Blatt „Fremdwahrnehmung" sollten Sie zwei- bis dreimal kopieren und Ihnen nahestehenden Personen zur Bewertung geben. Diese Personen können der Ehepartner, der Vorgesetzte, ein Kollege oder ein Freund sein. Vergleichen Sie anschließend Ihre Selbstwahrnehmung mit den Fremdwahrnehmungen, und diskutieren Sie die Abweichungen mit den entsprechenden Personen. In diesen Gesprächen entwickeln Sie einen stärkeren Bezug zu den einzelnen Kriterien, und zugleich auch eine genauere Selbsteinschätzung. Es erfolgt ein Lernprozess, der zu einer wesentlich intensiveren und korrekteren Selbstwahrnehmung führt. Aber auch die Beurteilung anderer, das heißt die Fremdeinschätzung, wird genauer und gerechter.

Ich habe diesen Vorgang mit vielen Menschen durchgeführt. Ohne Ausnahme hat es ihnen Freude gemacht und wurde auch dann gerne akzeptiert, wenn in Ausnahmefällen die Fremdwahrnehmung wesentlich kritischer ausfiel als die Selbstwahrnehmung. Im allgemeinen habe ich festgestellt, dass sich die Menschen selbstkritischer einschätzen, als dies vom Umfeld gemacht wird.

Selbsteinschätzung / Selbstbild
Allgemein
In welchem Bereich der Werteskala sehen Sie sich?

Eigenschaften	0	1	2	3	4	5	6
Selbstbewusstsein							
Belastbarkeit							
Aktivität							
Arbeitsfreude							
Zeitmanagement							
Kommunikationsfreude							
Bereitschaft zuzuhören							
Schlagfertigkeit							
Kreativität							
Einfühlsamkeit							
Ausgeglichenheit							
Ehrlichkeit							
Toleranz							
Verständnis							
Familiensinn							
Interesse an Menschen							
Freundschaftsfähigkeit							
Zukunfts-Orientierung							
Weiterbildung, Eigeninitiative							
Lebenseinstellung – bejahend							
Egoismus							

Fremdeinschätzung / Fremdbild
Allgemein
Wie schätzen Sie andere in dieser Werteskala ein?

Eigenschaften	0	1	2	3	4	5	6
Selbstbewusstsein							
Belastbarkeit							
Aktivität							
Arbeitsfreude							
Zeitmanagement							
Kommunikationsfreude							
Bereitschaft, zuzuhören							
Schlagfertigkeit							
Kreativität							
Einfühlsamkeit							
Ausgeglichenheit							
Ehrlichkeit							
Toleranz							
Verständnis							
Familiensinn							
Interesse an Menschen							
Freundschaftsfähigkeit							
Zukunftsorientierung							
Weiterbildung, Eigeninitiative							
Lebenseinstellung – bejahend							
Egoismus							

Selbsteinschätzung / Selbstbild
Verkaufsbereich Einzelhandel, Kundenkontakt
In welchem Bereich der Werteskala sehen Sie sich?

Eigenschaften	0	1	2	3	4	5	6
auf Kunden zugehen							
Kunden begrüßen							
höflich, freundlich, hilfsbereit							
Bedarfsanalyse erfragen							
zuhören können							
Produktnutzen-Argumentation							
Produktpräsentation							
Einwandbehandlung							
Verbundverkauf							
Abschlusssicherheit							
Verabschiedung							
Selbstbewusstsein							
Überzeugungskraft							
Begeisterungsfähigkeit							
Einfühlsamkeit							
Ehrlichkeit							
Zuverlässigkeit							
Kreativität							

Sollten Ihnen einzelne Kriterien wie z.B. die Einschätzung Produktnutzen-Argumentation nicht ganz geläufig sein, finden Sie die Bedeutung auf Seite 178/179.

Fremdeinschätzung / Fremdbild
Verkaufsbereich Einzelhandel, Kundenkontakt
Wie schätzen Sie andere in dieser Werteskala ein?

Eigenschaften	0	1	2	3	4	5	6
auf Kunden zugehen							
Kunden begrüßen							
höflich, freundlich, hilfsbereit							
Bedarfsanalyse erfragen							
zuhören können							
Produktnutzen-Argumentation							
Produktpräsentation							
Einwandbehandlung							
Verbundverkauf							
Abschlusssicherheit							
Verabschiedung							
Selbstbewusstsein							
Überzeugungskraft							
Begeisterungsfähigkeit							
Einfühlsamkeit							
Ehrlichkeit							
Zuverlässigkeit							
Kreativität							

Selbsteinschätzung / Selbstbild
Verkaufsbereich Einzelhandel, Körpersprache
In welchem Bereich der Werteskala sehen Sie sich?

Körpersprache	0	1	2	3	4	5	6
Stand, Fußstellung							
Haltung zum Kunden							
Augenkontakt zum Kunden							
Mimik, offen und freundlich							
Gestik, Arme und Hände							
Sprache, laut und deutlich							
Erscheinungsbild, Kleidung							
Hygiene							
Haare							
Mundgeruch							
Kaugummi							
Gesamteindruck							

60 bis 65 % unserer Kommunikation ist Körpersprache. Schätzen Sie Ihre Körpersprache kritisch ein, erhöhen Sie Ihre Sensibilität für das eigene Verhalten und beobachten Sie sich.

Fremdeinschätzung / Fremdbild
Verkaufsbereich Einzelhandel, Körpersprache
Wie schätzen Sie andere in dieser Werteskala ein?

Körpersprache	0	1	2	3	4	5	6
Stand, Fußstellung							
Haltung zum Kunden							
Augenkontakt zum Kunden							
Mimik, offen und freundlich							
Gestik, Arme und Hände							
Sprache, laut und deutlich							
Erscheinungsbild, Kleidung							
Hygiene							
Haare							
Mundgeruch							
Kaugummi							
Gesamteindruck							

60 bis 65 % unserer Kommunikation ist Körpersprache. Schätzen Sie Ihre Körpersprache kritisch ein, erhöhen Sie Ihre Sensibilität für das eigene Verhalten und beobachten Sie sich.

Selbsteinschätzung / Selbstbild
Verkaufsbereich Industrie, Verkaufsgespräch
In welchem Bereich der Werteskala sehen Sie sich?

Eigenschaften	0	1	2	3	4	5	6
Begrüßungsphase							
Lockerheit, Ungezwungenheit							
Gesprächseinstieg							
Bedarfsanalyse							
zuhören können							
Produktvorteile, Darstellung							
Serviceleistungen einbringen							
Einwandbehandlung							
Argumentationsfähigkeit							
Abschlusssicherheit							
Verabschiedung							
Selbstbewusstsein							
Überzeugungskraft							
Begeisterungsfähigkeit							
Einfühlsamkeit							
Ehrlichkeit							
Zuverlässigkeit							
Kreativität							

Fremdeinschätzung / Fremdbild
Verkaufsbereich Industrie, Verkaufsgespräch
Wie schätzen Sie andere in dieser Werteskala ein?

Eigenschaften	0	1	2	3	4	5	6
Begrüßungsphase							
Lockerheit, Ungezwungenheit							
Gesprächseinstieg							
Bedarfsanalyse							
zuhören können							
Produktvorteile, Darstellung							
Serviceleistungen einbringen							
Einwandbehandlung							
Argumentationsfähigkeit							
Abschlusssicherheit							
Verabschiedung							
Selbstbewusstsein							
Überzeugungskraft							
Begeisterungsfähigkeit							
Einfühlsamkeit							
Ehrlichkeit							
Zuverlässigkeit							
Kreativität							

Selbsteinschätzung / Selbstbild
Verkaufsbereich Industrie, Körpersprache
In welchem Bereich der Werteskala sehen Sie sich?

Körpersprache	0	1	2	3	4	5	6
ruhig und gelassen							
Zuwendung, Beachtung							
Augenkontakt, Begrüßung							
Händedruck							
Sitzhaltung; gerade							
Hände auf dem Tisch							
Gestik; ruhig und kontrolliert							
Augenkontakt							
Mimik; offen und freundlich							
Sprache; laut und deutlich							
Erscheinungsbild, Kleidung							
Hygiene							
Haare							
Mundgeruch							
Gesamteindruck							

60 bis 65 % unserer Kommunikation ist Körpersprache. Schätzen Sie Ihre Körperverhalten kritisch ein. Erhöhen Sie Ihre Sensibilität für das eigene Auftreten und beobachten Sie sich.

Fremdeinschätzung / Fremdbild
Verkaufsbereich Industrie, Körpersprache
Wie schätzen Sie andere in dieser Werteskala ein?

Körpersprache	0	1	2	3	4	5	6
ruhig und gelassen							
Zuwendung, Beachtung							
Augenkontakt, Begrüßung							
Händedruck							
Sitzhaltung; gerade							
Hände auf dem Tisch							
Gestik; ruhig und kontrolliert							
Augenkontakt							
Mimik; offen und freundlich							
Sprache; laut und deutlich							
Erscheinungsbild, Kleidung							
Hygiene							
Haare							
Mundgeruch							
Gesamteindruck							

60 bis 65 % unserer Kommunikation ist Körpersprache. Schätzen Sie Ihre Körperverhalten kritisch ein. Erhöhen Sie Ihre Sensibilität für das eigene Auftreten und beobachten Sie sich.

Selbsteinschätzung / Selbstbild
Im Führungsverhalten
In welchem Bereich der Werteskala sehen Sie sich?

Eigenschaften	0	1	2	3	4	5	6
Verantwortungsbewusstsein							
Vorbild							
soziale Kompetenz							
Offenheit, Fairness							
Ehrlichkeit							
Gerechtigkeit							
Kommunikationsfreude							
Motivationsstärke							
informatives Verhalten							
Kritikfähigkeit							
Konfliktbereitschaft							
Methodenkompetenz							
Selbstdisziplin							
Zielmanagement							
Fachkompetenz							
Unternehmensorientierung							
Durchsetzungsvermögen							
Entscheidungsfreudigkeit							
Delegationsbereitschaft							
Qualitätsmanagement							
Kundenorientierung: in-/extern							

Fremdeinschätzung / Fremdbild
Im Führungsverhalten
Wie schätzen Sie andere in dieser Werteskala ein?

Eigenschaften	0	1	2	3	4	5	6
Verantwortungsbewusstsein							
Vorbild							
soziale Kompetenz							
Offenheit, Fairness							
Ehrlichkeit							
Gerechtigkeit							
Kommunikationsfreude							
Motivationsstärke							
Kritikfähigkeit							
Konfliktbereitschaft							
Methodenkompetenz							
Selbstdisziplin							
Zielmanagement							
Fachkompetenz							
Unternehmensorientierung							
informatives Verhalten							
Durchsetzungsvermögen							
Entscheidungsfreudigkeit							
Delegationsbereitschaft							
Qualitätsmanagement							
Kundenorientierung: in-/extern							

4.3 Erfolg im Beruf-
Das Gesetz des Handelns

Handeln ist die Basis jedes Erfolgs. Es gilt der Grundsatz: „Selbsterfahrung und persönliche Evolution können nur über eine aktive Lebensgestaltung erlangt werden." Diese Aktivität wird von Werten getragen und vom Bewusstsein überwacht. Diese Werte als Teil einer Berufsethik spiegeln sich in der Verantwortung zu den übernommenen Aufgaben. Qualitätsbewusstsein, kunden- und partnerschaftliches Handeln, Termintreue und eine ehrliche Kommunikation sind dabei selbstverständlich.
Von besonderem Wert ist die soziale Kompetenz. Hierunter verstehen wir die Fähigkeit eines Menschen sich positiv auf die verschiedenen zwischenmenschlichen Situationen einzustellen. Der ethische Grundsatz der Sozialkompetenz lautet: „Handle so, dass sich die Menschen des Umfeldes wohl fühlen!" Dieses aus freiem Willen entwickelte Handeln wird so zum Weg der persönlichen Evolution.
Gleichgültig, an welcher Arbeitsstelle und auf welcher Ebene ein Mensch seine Tätigkeit ausübt, das Prinzip der Arbeit entspricht dem Prinzip des gezielten Handelns. Wird dieses Handeln von Selbstbestimmung getragen, so wird Sie Ihre Tätigkeit erfüllen und glücklich machen.

☐ **Es muss das Anliegen eines jeden tätigen Menschen sein freiwillig jenes Maß an Leistung zu erbringen, zu dem er aufgrund seiner Möglichkeiten fähig ist.**

Sich selbst fordern heißt in diesem Zusammenhang, sich selbst zu fördern.
Nur wer seine ganze Kraft und seine Ressourcen zielorientiert einbringt, kann sein eigentliches Potential erfahren. Unterforderung wird verborgene Ressourcen blockieren und Erfolg im Berufsleben verhindern.

Wenn wir uns bewusst und mit ganzer Kraft einbringen, dann werden wir unser aktives Handeln als Erfolg erfahren. Diese Erfahrungen werden zu einem Schatz, der uns hilft, den zukünftigen beruflichen Alltag erfolgreich zu gestalten. Dieser Lernprozess ist besonders ausgeprägt, wenn wir mit schwierigen Aufgaben konfrontiert werden, die unsere ganze Kompetenz verlangen.

Um im Beruf erfolgreich zu sein müssen Sie bestimmte Fähigkeiten besitzen und diese durch aktives Handeln erkennbar machen. In den vorausgegangenen Arbeitsblättern hatten Sie die Möglichkeit, wesentliche Kriterien eines solchen Erfolgsprofils kennen zu lernen. Nachstehend sind nochmals einige Fragen entwickelt, die Ihnen die Möglichkeit geben, die eine oder andere Kompetenz bewusster wahrzunehmen. Nach den Antworten bitte ich Sie, ein Resümee zu ziehen und daraus die entsprechenden Ziele zu entwickeln.

Erfülle ich die heute in der Arbeitswelt gestellten Anforderungen?

_____

_____

_____

_____

_____

Bin ich flexibel und lernbereit?

_____

_____

_____

_____

_____

Welche Verhaltensweisen sollte ich verändern?

_____
_____
_____
_____
_____

**Bin ich ein Mensch, der Probleme macht
oder bin ich ein Mensch, der Probleme löst?**

_____
_____
_____
_____
_____

**Suchen Kolleginnen und Kollegen meine Nähe
oder werde ich gemieden?**

_____
_____
_____
_____
_____

Anforderungsprofil an den berufstätigen Menschen

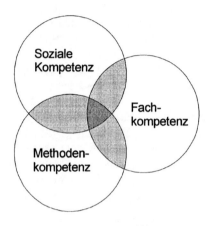

Anforderungsprofil

Das Anforderungsprofil an den berufstätigen Menschen lässt sich auf drei Kompetenzbereiche übertragen. Diese sind soziale Kompetenz, Fachkompetenz und Methodenkompetenz. Sie sind für den Sachbearbeiter genau so wichtig wie für eine Führungskraft.

a) Soziale Kompetenz
Die soziale Kompetenz steht an erster Stelle. Der Einzelkämpfer in der Berufswelt ist nicht mehr gefragt. Verlangt und erwartet wird, dass der Einzelne bereit ist sich mit allen seinen Fähigkeiten in die Gemeinschaft zu integrieren. Dieses Denken und Handeln spiegelt sich in dem Ziel wieder Probleme zu lösen. Dabei wird eine positive Lebenseinstellung und ein lösungsorientiertes Denken und Handeln erwartet. Gemeint ist auch, dass Sie offen sind,

eine intensive Kommunikation in allen Richtungen entwickeln und zielgerichtet das eigene Wissen und Können einbringen.

Soziale Kompetenz bedeutet grundsätzlich miteinander und nicht gegeneinander zu handeln. Menschen, die glauben, sie könnten eigennützig ihre Individualität am Arbeitsplatz ausleben, werden sich selbst isolieren und auf Dauer seelisches und körperliches Leid erfahren. Wir müssen lernen unsere antisozialen Bedürfnisse zu beherrschen. Statt dessen gilt es über ein bewusstes Teamverhalten Freude und Erfolg in der Gemeinschaft zu finden.

Soziale Kompetenz verlangt von Ihnen die Bereitschaft Partnerinnen und Partner in der Berufswelt erfolgreich zu machen. Dazu gehört es die Menschen in Ihrem Umfeld zu respektieren, zu achten und ihnen das Gefühl zu vermitteln gerne mit ihnen zusammen zu arbeiten. Dieses soziale Verhalten bedeutet nicht, Ziele nicht zu realisieren. Mit anderen Worten: Im zwischenmenschlichen Bereich sind wir verbindlich, in der Realisierung von Aufgaben konsequent.

Prüfen Sie Ihre soziale Kompetenz!
Ziehen Sie aus den Antworten Ihre entsprechenden Schlüsse.

Wie oft werden Sie von anderen Menschen um Rat gebeten?

___

___

___

Wie häufig unterstützen Sie andere Personen?

___

___

___

Welche Emotionen zeigen Ihnen andere Menschen in der Berufswelt?

_____

_____

_____

Kennen Sie das Privatleben Ihrer Kollegen, Mitarbeiter, Vorgesetzten?

_____

_____

_____

b) Fachkompetenz
Hierunter verstehen wir das Wissen, das eine Person braucht um zielorientiert Aufgaben zu erfüllen. Fachkompetenz kann gebunden sein an: Herstellungsprozesse, Produkte, organisatorische Abläufe, Marktverhältnisse, aber auch an Managementstrategien. Sie alle kennen die Redewendung: „Er ist ein Meister seines Fachs."
Nicht nur im sozialen Verhalten, sondern auch in den rein sachorientierten Vorgängen der Industriewelt hat es große Veränderungen gegeben. Weitere werden sich einstellen. Fachkompetenz verlangt die hohe Bereitschaft Veränderungen anzunehmen, sie zu akzeptieren und sich mit ihnen auch zu identifizieren. Gemeint sind hier: die sich ständig ändernden Technologien, die Innovation von Produkten, die kürzeren Abläufe organisatorischer Prozesse und das kundenorientierte Verhalten. Sie werden erst dann Ihre Fähigkeiten ganz einbringen können, wenn Sie sich den veränderten und oft auch erhöhten Anforderungen stellen.
Fachkompetenz verlangt von Ihnen sich ständig weiterzubilden. Weiterbildungsmöglichkeiten in den Unternehmen, Fernstudien oder Volkshochschulkurse können hierbei helfen. Durch das regel-

mäßige Lesen von Fachzeitschriften halten Sie Ihre Fachkompetenz auf hohem Niveau.

Prüfen Sie Ihre Fachkompetenz!
Was können Sie noch verbessern?

_____

_____

_____

Wie oft fühlen Sie sich
in Gesprächen und Besprechungen fachlich unterlegen?

_____

_____

_____

Welche Weiterbildungsmaßnahmen
haben Sie in den letzten drei Jahren besucht?

_____

_____

_____

Wie oft lesen Sie eine Fachzeitschrift?

_____

_____

_____

Was werden Sie in Zukunft tun,
um fachlich aktuell informiert zu sein?

_____

_____

_____

c) Methodenkompetenz

Methodenkompetenz ist die Art und die Weise, wie Sie Aufgaben erledigen. Hierzu gehören Arbeitsmethodik, Zeitmanagement und letztendlich die Art, wie Sie sich selber führen: Ihr Selbstmanagement.

Bitte prüfen Sie Ihre Ziele, die Konsequenz Ihres Handelns und die Art, wie Sie diese Ziele verfolgen. Eine Zeitanalyse wird Ihnen aufzeigen, wie Sie mit Ihrer Zeit umgehen. Daraus können Sie ableiten, wie effizient Sie arbeiten.

Solch eine persönliche Analyse könnte ergeben, dass ein geringer Prozentsatz Ihrer eingesetzten Zeit den wesentlichen Erfolg Ihres Handelns ausmacht. Oder Sie stellen fest, dass gerade im Bereich des Zeitmanagements und der Arbeitsmethode noch große Reserven vorhanden sind. Prüfen Sie sich.

❏ **Die Voraussetzung für effizientes Handeln sind gute Gewohnheiten.**

Es sollte für jeden Berufstätigen selbstverständlich werden, Wollen und Handeln als die Garanten des persönlichen Erfolgs zu sehen.

❏ **Wer den Erfolg wirklich will, wird ihn auch finden.**

Werden Sie sich bewusst, dass Sie nur erfolgreich sein können, wenn Sie sich mit den Gegebenheiten in Ihrem Unternehmen identifizieren. Sich mit etwas zu identifizieren heißt, ohne Einschränkung die „Ist-Situation" zu akzeptieren. Mit dieser inneren positiven Einstellung sind Sie in der Lage, das Management und die Leistungen des betreffenden Unternehmens richtig einzuschätzen.

Sie können den Wert eines Hauses erst dann richtig beurteilen, wenn Sie es von innen gesehen haben. Den Wert und die Qualität des Managements können Sie erst erkennen, wenn Sie zu diesem „Ja" sagen und es bewusst wahrnehmen. Dies bedeutet: Loyalität dem Unternehmen gegenüber.

Eine Untersuchung, warum die einen Menschen sehr erfolgreich sind und die anderen nicht, brachte folgendes Ergebnis:
Die Erfolgreichen beschäftigen sich fast ausschließlich mit dem Möglichen. Sie haben im Laufe der Zeit ein hervorragendes Gespür dafür entwickelt, was machbar ist und was nicht. Durch eine realistische Selbsteinschätzung entscheiden sie sich grundsätzlich für das Machbare.
Die nicht Erfolgreichen beschäftigen sich vorrangig mit dem, was das Erreichen des Ziels behindert. Sie finden viele Gründe, die sie letztendlich abhalten, ihre ganze Kraft und Energie für das Erreichen des Zieles einzubringen. Hier gilt der Grundsatz:

- **Wer sich einseitig mit Schwierigkeiten und Problemen beschäftigt, erstickt in ihnen.**

Wer nicht in Lösungsansätzen denkt, ist fremdbestimmt. Er bleibt in den vorhandenen Schwierigkeiten stecken. Erst in der willentlichen Auseinandersetzung mit der schwierigen Situation und dem Ziel ein positives Ergebnis zu erreichen, bestimmen und beherrschen wir die Situation.
Den Grad der Selbstbestimmung können Sie an folgenden Verhaltensweisen feststellen:

Fordern Sie Aufgaben, wenn Sie spüren, dass Ihre Zeit nicht sinnvoll genutzt wird, oder betreiben Sie eine „Beschäftigungspolitik", und erwecken den Eindruck, Sie seien voll ausgelastet?

☐	☐
ja	nein

Sind Sie bereit und in der Lage, Ihre Leistung selbst zu kontrollieren?

☐	☐
ja	nein

Entwickeln Sie gegenüber Kolleginnen und Kollegen sowie gegenüber Ihren Vorgesetzten eine intensive, der Sache dienende Kommunikation?

☐ ☐
ja nein

Treten Sie Konflikten mutig entgegen oder gehen Sie diesen aus dem Weg?

☐ ☐
ja nein

Sind Sie bereit Lob gegenüber Ihrem Umfeld auszusprechen?

☐ ☐
ja nein

Ist Ihnen kreatives Denken und Handeln ein Bedürfnis?

☐ ☐
ja nein

Wie fühlen Sie sich nach einem sehr turbulenten Tag (oder nach einer Sie anhaltend fordernden Phase)?

_____
_____
_____

Wie können Sie Ihr Verhalten noch positiv verändern und verstärken? (Berücksichtigen Sie dabei die obigen Fragen.)

_____
_____
_____

Wenn Sie alle Fragen beantwortet haben, wissen Sie nun selbst:
- bin ich ein Mitarbeiter, der agiert oder
- bin ich ein Mitarbeiter, der nur reagiert?

Wer nur reagiert, ist ein Befehlsempfänger und dadurch fremdbestimmt. Wer dagegen selbst agiert, geht den dynamischen Weg der Selbstbestimmung. Entscheiden Sie sich!

4.4 Der Mut zu Veränderungen

Es gibt keine Zeit ohne Veränderungen. Es gibt Veränderungen in unserem Leben, die geschehen, ohne dass wir sie zunächst wahrnehmen. Andere wiederum nehmen wir zur Kenntnis und leben sie je nach Situation unterschiedlich. Warum treten Ängste und Sorgen bei Veränderungen auf? Nachstehend einige Gründe:
- Es ist das Unbekannte, nicht Überschaubare.
- Das Zukünftige ist nicht berechenbar.
- Der direkte Einfluss ist oft begrenzt.
- Es entsteht die Sorge, einen Verlust zu erfahren.
- Die Situation wirkt beklemmend und bedrückend.
- Existenzielle Ängste sind nicht zuzuordnen.
- Es können unkontrollierte, negative Emotionen auftreten.

Werden Sie sich bewusst, dass mit der fehlenden Bereitschaft Veränderungen anzunehmen ein soziales Abwehrverhalten entwickelt wird. Im Folgenden finden Sie einige solcher Verhaltenskriterien :
- Ich werde über Gebühr kritisch.
- Ich zeige Ablehnung.
- Ich wirke gehemmt.
- In mir entstehen Blockaden.
- Meine Eigenmotivation lässt nach.
- Ich empfinde weniger Lebensfreude.
- Ich wirke situativ problemorientiert.

- Ich spreche negativ.
- Ich habe einen demotivierenden Einfluss auf mein Umfeld.
- Ich wirke unsicher und mutlos.
- Meine Kompetenzen werden geringer.
- Ich wirke unentschlossen und werde zur Belastung.
- Ich suche Erfolgserlebnisse auf anderen Gebieten.

Völlig anders werden jene Menschen wahrgenommen, die zwar auch kritisch sind, jedoch Veränderungen mit beeinflussen wollen, sie als Chance sehen und annehmen können.

Positive Verhaltenskriterien sind folgendermaßen erkennbar:
- Ich wirke offen und motiviert.
- Meine Freude an der Leistung ist sichtbar.
- Ich bin kreativ und flexibel, und ich bringe eigene Ideen ein.
- Mein Image ist gut.
- Ich werde um Rat gefragt.
- Ich mache Menschen in meinem Umfeld Mut.
- Ich fühle mich gesund und unternehmensfreudig.
- Ich werde zum Problemlöser.

Beantworten Sie bitte die nachstehenden Fragen und ziehen Sie daraus Ihr Resümee:

Wie sind Sie in der Vergangenheit mit Veränderungen umgegangen?

_____

_____

_____

Welche Veränderungen haben Sie als unangenehm und belastend empfunden?

_____
_____
_____

Welche Veränderungen waren für Sie positiv?

_____
_____
_____

Wie werden Sie im Umgang mit Veränderungen vom Umfeld eingeschätzt?

_____
_____
_____

Welche Möglichkeiten haben Sie Veränderungen zu beeinflussen?

_____
_____
_____

Schreiben Sie sieben Gründe auf, warum Veränderungen Vorteile bieten.

_____
_____
_____

Die Überschrift „Der Mut zu Veränderungen" birgt die Aussage, Veränderungen willentlich anzustreben. Viele Menschen werden zur Zeit von den großen Veränderungen in der Berufswelt überrollt. Dies gilt für den gewerblichen Arbeitnehmer ebenso wie für den Manager und den Unternehmer. Oft ist eine Ohnmacht zu spüren, in die sich der einzelne hineintreiben lässt. Diese bremst aktives Handeln und verführt zum Abwarten. Die veränderten Situationen werden nicht dynamisch angegangen. Häufig entstehen durch die Warteposition Unsicherheit und Ängstlichkeit. So sind zum Beispiel im Jahr 1998 über 30.000 Unternehmen in Konkurs gegangen. Viele dieser Firmen könnten heute noch existieren, wenn sie die Zeichen der Zeit erkannt und bereit gewesen wären neue, kreative Wege zu gehen.

Mut zu Veränderungen ist die Bereitschaft, auch die eigene Position immer wieder in Frage zu stellen. Nur so lässt sich herausfinden, ob die derzeitige Tätigkeit mit all ihren Anforderungen noch den persönlichen Bedürfnissen und Erwartungen entspricht. Gemeint ist hier zum Beispiel das persönliche Wissen und Arbeiten mit modernen Informationstechnologien. Viele kleine Unternehmen scheuen sich nach wie vor, die neuesten PC - Standards in ihre Produktions- und Verwaltungsprozesse zu integrieren. Aber auch der einzelne Mitarbeiter muss im Auge behalten, welche Veränderungen erkennbar sind und welche dadurch bedingten Anforderungen auf ihn zukommen.

4.5 Weiterbildung - Investition in die Zukunft

Ein Unternehmen ist eine lernende Organisation. Jeder Mensch, der täglich 8 Stunden Leistung am Arbeitsplatz erbringt, sieht sich mit Veränderungen und Herausforderungen konfrontiert. Dies löst Lernprozesse aus. Auch die unangenehmen Momente bieten eine

Chance seine Fähigkeiten und die Grenzen zu erfahren. Die Möglichkeit, seinen Erfahrungsschatz zu erweitern, wird besonders dann intensiv stattfinden, wenn wir uns den Anforderungen mit Freude stellen und uns über Eigeninitiative weiterbilden. Dabei lässt sich der Lernprozess in drei grundsätzliche Bereiche gliedern: Technik, Organisation und Mitarbeiter.

a) Technischer Bereich
Jede Mitarbeiterin und jeder Mitarbeiter sollte nicht nur die aktuellen Technologien kennen und beherrschen, sondern auch in Erfahrung bringen, welche Neuentwicklungen im Gange sind. Für jede Führungskraft ist es unerlässlich, sich über die allgemeine Entwicklung auf dem Gebiet der Technik zu informieren. In einem zweiten Schritt sollten vorhandene technische Prozesse verändert, weiterentwickelt oder notfalls auch ersetzt werden. In der Vergangenheit hat sich gezeigt, dass die Unternehmen besonders erfolgreich waren, die ihre Technologie immer auf den neuesten Stand brachten.
Bitte beantworten Sie die folgenden Fragen und ziehen Sie daraus Ihr Resümee:

Schreiben Sie in den folgenden Zeilen alle für Sie wichtigen Technologien auf:

_____

_____

_____

Welche Fachliteratur und andere Möglichkeiten der Weiterbildung nutzen Sie um Ihr technisches Wissen auf dem aktuellen Stand zu halten?

_____

_____

_____

Wie gut sind Sie über die zur Zeit eingesetzte Technologie informiert?

_____

_____

Welche neue Technik wünschen Sie sich an Ihrem Arbeitsplatz?

_____

_____

_____

Welche Gründe liegen vor, dass es bis heute nicht geschehen ist?

_____

_____

_____

b) Organisatorischer Bereich

Organisation erfasst alle Bewegungsabläufe im Unternehmen. Oft sind dies eingefahrene Bahnen. Erfahrungsgemäß finden wir in den Organisationsprozessen große Reserven. Dies trifft im Bereich Selbstmanagement genau so zu wie in den Arbeitsabläufen, die wir steuern und beeinflussen. Organisatorische Veränderungen einzuleiten verlangt von uns die Bereitschaft, das eigene Verhalten und praktizierte Arbeitsabläufe in Frage zu stellen.

Bitte beantworten Sie die folgenden Fragen und ziehen Sie daraus Ihr Resümee:

Was haben Sie in den zurückliegenden zwei Jahren getan um Ihr persönliches Selbstmanagement zu verbessern?

_____

_____

_____

Welche Möglichkeit haben Sie um Ihr Zeitmanagement und Ihre Arbeitsmethodik zu maximieren?

_____

_____

_____

Erarbeiten Sie drei Verbesserungsvorschläge, mit denen sich die Effizienz Ihrer Arbeitsabläufe verbessert wird.

_____

_____

_____

c) Mitarbeiter
Die Qualifizierung verlangt von jedem einzelnen noch mehr Verantwortung zu übernehmen. Dazu gehört die Bereitschaft, Arbeiten und Lernen als einen permanenten Prozess der persönlichen Entwicklung zu sehen und ihn willentlich zu beeinflussen. Sich qualifizieren bedeutet Wissensmehrung auf der fachlichen und Verhaltensänderung auf der sozialen Ebene. Hierbei spielen die Verhaltensänderungen eine sehr große Rolle.

Bitte beantworten Sie die folgenden Fragen und ziehen Sie ein für Sie sinnvolles Resümee:

An welchen Weiterbildungsmaßnahmen mit dem Ziel, die Zusammenarbeit zu verbessern, haben Sie in den letzten 2 Jahren teilgenommen?

_____

_____

_____

Welche Literatur lesen Sie, die Ihnen hilft, das Verhalten anderer Menschen besser zu verstehen?

_____

_____

_____

Was hat sich Ihrer Meinung nach in dem Verhalten der berufstätigen Menschen verändert?

_____

_____

_____

Wie verhalten Sie sich gegenüber Ihren Kollegen, und was können Sie verbessern?

_____

_____

_____

Wie verhalten Sie sich gegenüber Ihren Vorgesetzten, und was können Sie verbessern?

_____

_____

_____

Wie verhalten Sie sich als Führungskraft gegenüber Ihren Mitarbeitern? Was können Sie verbessern?

_____

_____

_____

Welches Verhalten praktizieren Sie gegenüber internen und externen Partnern? Was können Sie verbessern?

_____

_____

_____

Welche Anstrengungen entwickeln Sie um Ihre Fort- und Weiterbildung persönlich zu beeinflussen?

_____

_____

_____

5. Ziele im Unternehmensbereich

In dem vorausgegangenen Kapitel haben Sie sich intensiv mit Ihrem Beruf, Ihrer Verantwortung und Ihren zukünftigen Zielen beschäftigt. In den folgenden Ausführungen sind unternehmerische Prinzipien festgehalten. Sie sind die Grundlagen unternehmerischen Denkens und daraus entwickelten, erfolgsorientierten Entscheidungen. Für jeden berufstätigen Menschen ist es wichtig, seine persönlichen Ziele mit den unternehmerischen Zielen in Einklang zu bringen. Voraussetzung hierfür ist die Firma, in der ich tätig bin, zu kennen. Hierher gehört auch ein klares Ja zu dem Management und der von ihm entwickelten Unternehmenskultur. Ein derart gelebter Konsens zwischen den eigenen Interessen und den Zielen des Unternehmens bewirkt: Interesse für gemeinsame Erfolge, Motivation zur Leistung und kompetentes Auftreten.
Eine solch positive Einstellung zum Arbeitgeber verlangt nicht von Ihnen zu allem Ja zu sagen. Es ist Ihre Aufgabe kritisch zu sein, Schwächen im eigenen Verantwortungsbereich zu erkennen, Lösungen zu entwickeln und erfolgsorientierte Entscheidungen zu treffen. Loyalität zum Unternehmen und das Bedürfnis gemeinsam mit anderen die Zukunft zu sichern ist eine Geisteshaltung, die auch den persönlichen Erfolg garantiert.
Beantworten Sie die folgenden Fragen und ziehen Sie daraus Ihr Resümee:

Wie reden Sie in der Familie und im Freundeskreis über das Unternehmen, in dem Sie tätig sind? Was sind Ihre wesentlichen Aussagen?

Wie oft haben Sie in den zurückliegenden Monaten innerlich gekündigt? Warum?

_____

_____

_____

Würden Sie sich beruflich verändern, wenn es von Ihrer persönlichen Seite und aus Ihrem Umfeld kein wenn und aber gäbe?

_____

_____

_____

5.1 Unternehmerisches Denken und Handeln

Ein Unternehmen findet in der Gesellschaft immer dann seine Existenzberechtigung, wenn es sich zur Aufgabe macht Wünsche und Bedürfnisse der Menschen zu erfüllen. So sollen in erster Linie Leistungen und Produkte in die Märkte transportiert werden, die die Lebensqualität des Verbrauchers erhalten und verbessern. Dieser Grundsatz verlangt von den Unternehmen zukunftsorientiert nur solche Erzeugnisse zu produzieren, die keine oder nur ein Mindestmaß an Umweltbelastung verursachen.

Es sind die Unternehmen erfolgreich, die Visionen haben, Ziele entwickeln und kreatives Denken und Handeln fördern.

❏ **Erst dieser Spannungsbogen garantiert den Erfolg eines Unternehmens: Visionen, Innovationen, Ziele, Gewinn.**

Zielorientierte unternehmerische Entscheidungen müssen für jeden Verantwortlichen ein selbstverständlich sein. Loyalität und Integrität sind Voraussetzung für ein offenes, zukunftsorientiertes Denken und Handeln. Betriebswirtschaftlich lässt sich ein Unternehmen in vereinfachter Form in drei zusammenhängende Segmente gliedern. Diese sind:
1) Beschaffung – vorgelagerter Markt
2) Produktion - Wertschöpfung
3) Absatz – nachgeschalteter Markt.

Das Zusammenspiel der Kräfte wird in dem folgenden Bild dargestellt:

Das Unternehmen

Vor-geschalteter-Markt	Produktion	Nach-geschalteter-Markt
Beschaffung von: Material Finanzen Personal	Mensch Organisation Technik Wertschöpfung	Verkauf Marketing

Logistik

1) Vorgeschalteter Markt, Beschaffungsmarketing
Das Beschaffungsmarketing erfasst drei Unternehmensbereiche:

- Materialwirtschaft: Sie erfasst alle Werkstoffe, Roh- Hilfs- und Betriebsstoffe, Betriebsmittel, Investitionsgüter und Dienstleistungen.

- Personalwirtschaft: Hierher gehören: Personalverwaltung, Personalentwicklung und Personalbeschaffung.
- Finanzwirtschaft: Erfasst werden hier alle an das Kapital gebundenen Aktivitäten.

a) Materialwirtschaft:
Das Beschaffungsmarketing erfasst alle unternehmerischen Maßnahmen, die geeignet sind, die benötigten Ressourcen bereitzustellen. Hierbei spielt der Materialeinkauf eine besondere Rolle. Kurz-, mittel- und langfristig hat der Einkauf Einfluss auf den Unternehmensgewinn.
Die Besorgung von Materialien, die als Rohstoffe in die Wertschöpfung einfließen, ist unter Berücksichtigung niedrigster Einkaufspreise sicherzustellen. Der Einjahresplan, operativer Plan genannt, bietet die Möglichkeit, die Wertschöpfungskette vorausschauend zu organisieren.
Kurzfristig ist es die Pflicht des Einkaufs den zur gegebenen Zeit niedrigsten Preis zu erzielen. Hierunter verstehen wir, dass in allen Verhandlungen mit Lieferanten die besten Möglichkeiten einschließlich Service zu erzielen sind. Auch Kontinuität und Qualität sind zu sichern. Hinzu kommen Liefermodalitäten und entsprechende Lagerhaltung. Bei aller Verhandlungskonsequenz ist darauf zu achten, dass eine langfristige Zusammenarbeit mit den Lieferanten nicht nachhaltig gefährdet sind.
Langfristig bieten alle vorausgegangenen Kriterien die Möglichkeit, Sicherheit, Kontinuität, Preisgestaltung und Imagebildung zu entwickeln und zu stabilisieren. Dies wird getragen von einem partnerschaftlichen Verhältnis gegenüber Kunden und Lieferanten.
Immer dann, wenn es um die Frage von Beschaffung geht, sind genügend Informationen die Voraussetzung, richtige Entscheidungen zu treffen. Zu diesen Informationen zählen alle innerbetrieblichen Prozesse sowie Kenntnisse über die nationale und internationale Marktsituation. Der Wissensstand über interne Abläufe ist oft gut bis sehr gut. Die Kenntnisse über die allgemeine Markt-

situation lassen dagegen häufig zu wünschen übrig. Eingefahrene Wege, die seit Jahren funktionieren, sind die stärksten Hemmnisse um sinnvolle und notwendige Veränderungen herbeizuführen.

Nachstehend finden Sie einige Fragen, die in der Betrachtung gegenüber Ihren Lieferanten und der Materialbeschaffung wichtig sind. Ziehen Sie aus Ihren Antworten ein für Sie sinnvolles Resümee.

Welchen Standort haben die wichtigsten Lieferanten? Zum Beispiel: ist der Standort an Wasserwege angebunden, gibt es kurze Wege?

_____

_____

_____

Wie viel Mitarbeiter und welchen Umsatz hat das Unternehmen?

_____

_____

_____

Welche Beteiligungen bzw. Tochterfirmen gibt es?

_____

_____

_____

Wie ist die allgemeine Entwicklung der letzten Jahre, positiv oder negativ?

_____

_____

_____

Welche Rohstoffe werden bei der Herstellung des Produktes eingesetzt? Zum Beispiel Erdöl, Holz usw.

_____

_____

_____

In welchem technologischen Zustand befinden sich die Verfahrensprozesse Ihrer Lieferanten?

_____

_____

_____

Welches Betriebsklima ist über den Gesprächspartner erkennbar? Wie ist die Unternehmenskultur?

_____

_____

_____

An welche Wettbewerber bzw. Mitanbieter wird ebenfalls geliefert?

_____

_____

_____

Ein ausreichender Wissenstand über die einzelnen Lieferanten verlangt im Einkauf immer wieder die Bereitschaft und die Freude am Fragen. Hier gilt der bekannte Spruch „Wissen ist Macht". Dieser hilft in vielen Situationen richtige und schnelle Entscheidungen zu treffen. Außerdem wird über genügende Information auch Motivation entwickelt. Ein umfangreicher Wissensstand über alle Lieferanten ermöglicht den permanenten Vergleich. Auf diesem Weg sind häufig im Vorfeld Veränderungen im Beschaffungsmarkt erkennbar, die die Möglichkeit geben, das eigene Verhalten entsprechend zu verändern. Viele dieser Informationen können auch für den eigenen Absatzmarkt von Interesse sein.

b) Personalwirtschaft

Personalwirtschaft erfasst alle Maßnahmen, mit denen ein Unternehmen für die notwendigen Arbeitskräfte sorgt, die für einen kontinuierlichen unternehmerischen Ablauf notwendig sind. Ziel muss es sein, die qualifiziertesten Kräfte zu beschaffen. Image und Präsenz im Markt spielen dabei eine große Rolle. Es gilt der Grundsatz:

❑ **Ein Unternehmen kann nur so erfolgreich sein, wie seine Mitarbeiterinnen und Mitarbeiter fähig sind.**

Bitte beantworten Sie die folgenden Fragen und ziehen Sie daraus ein für Sie sinnvolles Resümee:

Welches Durchschnittsalter hat Ihr Personal heute?

_____

_____

Wie viel Prozent Ihrer Belegschaft sind über zwanzig, dreißig, vierzig, fünfzig und sechzig Jahre alt?

_____

_____

Wie viel Prozent des Personals sind Frauen und wie viel Prozent Männer?

_____

_____

Wie viel Prozent der Mitarbeiter haben eine akademische oder vergleichbare Ausbildung?

_____

_____

Wie viel Prozent der Mitarbeiter nehmen im Jahr an einer oder mehreren Bildungsmaßnahmen teil?

_____

_____

Wie können Sie die Weiterbildungsmaßnahmen effizienter gestalten?

_____

_____

Über welche Wege beschaffen Sie Personal Z. B. Hochschulen, Anzeigen, Arbeitsamt? usw.

_____

_____

Nach welchen Kriterien wählen Sie Personal aus?

_____

_____

Warum sind Ihrer Meinung nach bis zur Einstellung wenigstens drei Vorstellungsgespräche mit unterschiedlichen Personen sinnvoll?

_____

_____

Wie präsent sind Sie an den Hochschulen?

_____

_____

Wie schätzen Sie das Image Ihres Unternehmens bei jüngeren Menschen bis etwa 28 Jahre ein.

_____

_____

Wenn Sie diese Fragen beantwortet haben, klären Sie: Welche unternehmerischen Entscheidungen werden bestätigt bzw. welche Entscheidungen müssen Sie treffen, damit die Infrastruktur des Personalbestandes den erfolgsorientierten Zielen des Unternehmens entsprechen?

c) Finanzwirtschaft
Finanzwirtschaft ist ein so komplexes Thema, dass es an dieser Stelle nicht behandelt werden kann. So viel sei jedoch zum Ausdruck gebracht, dass die Finanzwirtschaft einen entscheidenden Einfluss auf den Erfolg und die Liquidität eines Unternehmens hat. Es verlangt eine sehr hohe Sensibilität von allen Verantwortlichen für das Machbare. Unternehmensziel ist immer Gewinn zu erwirtschaften, um Mittel für zukunftsorientierte Investitionen zu haben. Gesunde Unternehmen haben einen großen Eigenkapitalanteil.

❏ **Es ist wichtig, dass ein hoher Anteil erwirtschafteten Kapitals immer wieder in neue Technologien investiert wird. Unternehmen mit veralteter Technologie sind häufig die gefährdeten Unternehmen.**

5.2 Produktion - Wertschöpfung

Der Produktionsbereich wird als Wertschöpfungsprozess bezeichnet. Der Begriff Wertschöpfung erfasst den Prozess, in dem aus einfachen oder auch komplexen Input-Gütern wertgesteigerte Output-Güter hergestellt werden. Je konsequenter die in einem Unternehmen bestehenden Ressourcen genutzt werden, um zum Beispiel aus einfachen Rohstoffen komplexere Güter zu erstellen und zu vertreiben, um so höher ist in der Regel die Wertschöpfung. Die Anzahl der Wertsteigerungsstufen eines Erzeugnisses, die in einem Betrieb realisiert werden, sind als Fertigungstiefe zu bezeichnen.

Nicht alle Teilprozesse der Wertschöpfungskette werden an einem Ort durchgeführt. Oft finden einzelne Produktionsstufen an verschiedenen Stellen im nationalen Bereich bis hin zu internationalen Verflechtungen statt. Wir sprechen in diesem Fall von einer Globalisierung. Diese Tatsache beweist den besonders großen Einfluss der Produktionsplanung und -steuerung auf den reibungslosen Ablauf der Produktions- bzw. Wertschöpfungsprozesse.

Eine stringente Produktionsplanung und -steuerung sind eine wesentliche Voraussetzung für eine erfolgreiche Geschäftstätigkeit. Faktoren wie Zeit, Qualität und Wirtschaftlichkeit sind Gradmesser dafür, ob ein Unternehmen gute oder weniger gute Ergebnisse erwirtschaftet.

Zeit

Die industrielle Erzeugung von Produkten verlangt eine Vielzahl von Einzelschritten. Diese beginnen zunächst bei der Beschaffung der Einsatzstoffe und führen über die Produktionsprozesse bis hin zur Vermarktung (Distribution).

In einem chemischen bzw. pharmazeutischen Unternehmen kann die Produktion als eine komplexe Kette angesehen werden, die in einem effizienten Ablauf zu bewältigen ist. Es muss in jedem Unternehmen das Bestreben herrschen, diese Zeitstrecke für Wertschöpfungsstufen möglichst schnell zu durchlaufen.

◘ **Eine kurze Durchlaufzeit muss ein Ziel sein**

Planung und Steuerung haben entscheidenden Einfluss auf diese Prozessabläufe. Durch geeignete Maßnahmen kann der Wertschöpfungsprozess beschleunigt, aber natürlich auch bei nicht ideal gesteuerten Bedingungen verlängert werden.

◘ **Unproduktive Vorgänge sind Stolpersteine im Unternehmen und Vorstufen des Verfalls.**

Qualität
Die Leistungen einer Produktionskette lassen sich nicht nur mengen- und wertmäßig erfassen, sondern auch in qualitativer Hinsicht messen. Besonders bei anspruchsvollen Produkten werden Qualität und die daraus resultierende Kundenzufriedenheit zu einem immer entscheidenderen Wettbewerbsfaktor. Es gilt der Grundsatz: Besser die Kunden kommen wieder als die Ware.
Produktionsqualität kann sich äußern in geringen Ausschussraten, Funktionalität, Zuverlässigkeit usw. Das Qualitätsmanagement umfasst alle Maßnahmen, die darauf abzielen, die Qualität der Produkte und die Produktionsprozesse zu verbessern.

◘ **Produktionsplanung und -steuerung haben einen entscheidenden Einfluss auf die Qualität der Produkte.**

Wirtschaftlichkeit
Die Wirtschaftlichkeit ist das wertmäßige Ergebnis eines Produktionsprozesses.
Sie wird durch drei wesentliche Merkmale geprägt:
- Mit einer bestimmten Menge im Produktionsprozess ist ein maximales Produktionskapital zu erzielen.
- Ein Produktionsergebnis ist mit minimalen Finanz- und Ressourceneinsatz zu erzielen.
- Die gesteuerten Produktionsprozesse sind möglichst so zu beeinflussen, dass die vorhandenen Ressourcen genutzt werden.

Der letzte Punkt erfasst wesentliche Elemente der operativen Produktionsplanung und -steuerung. Die Hauptaufgabe der operativen Produktionsplanung und -steuerung besteht darin, optimalen Einfluss auf die Ausschöpfung der Leistungspotentiale Arbeit und Ressourcennutzung zu nehmen. Anders ausgedrückt heißt dies, dass die Infrastruktur ausreichend verfügbar sein muss, um diese im Herstellungsprozess einer Ware voll zu nutzen. In Produktionsprogrammen wird der Einsatz der vorhandenen Ressourcen Zeit und Arbeit für einen kurz- bis mittelfristigen Planungszeitraum festgelegt.

In der operativen Produktionsplanung und -steuerung bestehen sehr enge Wechselwirkungen zwischen der Produktion, der Beschaffung und der Distribution (Abfluss der Fertigprodukte). Somit hat jede Entscheidung in Bereichen der Produktionsplanung auch Einfluss auf die logistischen Prozesse. In Anlehnung an ein mehr oder weniger festgelegtes Produktionsprogramm, den vorhandenen Produktionsanlagen und Stamm-Arbeitskräften hat die Produktionsplanung und -steuerung unter anderem folgende Aufgaben:

- den Kapazitätsbedarf und das Kapazitätsangebot in Einklang zu bringen,
- festzulegen, welche Produkte in welchen Mengen in den einzelnen Planungszeiträumen zu produzieren sind,
- festzulegen, in welchen Mengen Verbrauchsfaktoren (Rohstoffe bzw. Halbfertigprodukte) bereitzustellen sind,
- festzulegen, in welcher Form die Produktionsprozesse ablaufen sollen.

Erfolgreiche Produktionsplanung und -steuerung verlangt von allen in diesen Prozess eingebundenen Personen ausgeprägte Fähigkeiten. Diese sind unter anderem

- die Fähigkeit zur Kommunikation,
- die Bereitschaft sich alle notwendigen Informationen zu beschaffen und darüber hinaus sich selber informativ gegenüber anderen zu verhalten,
- abteilungsübergreifend in komplexen Prozessen zu denken und zu handeln,
- teambewusstes Verhalten,
- den Willen, Ziele zu realisieren,
- die Stärke, Konflikten entgegenzutreten, sie zu lösen und harmonisierenden Einfluss auf hemmende Kräfte auszuüben.

Bitte beantworten Sie die folgenden Fragen und entwickeln Sie daraus ein entsprechendes Resümee.

Welchen Einfluss hat die Wertschöpfung auf den Erfolg des Unternehmens?

___

___

___

Wie abhängig ist das Ergebnis von den Faktoren Zeit und Qualität?

___

___

___

Warum heißt es, dass die Leistung des Produktionsbereiches entscheidenden Einfluss auf die Kundentreue hat?

___

___

___

**Nennen Sie drei bis fünf Kriterien,
die sich im Bereich Wertschöpfung verbessern lassen.**

_____

_____

_____

**Welche Möglichkeiten haben Sie,
die Zeitabläufe in Ihren Produktionsstraßen zu verkürzen?**

_____

_____

_____

**Entwickeln Sie drei Möglichkeiten,
die organisatorischen Abläufe zu vereinfachen.**

_____

_____

_____

**Wie viel Veredelungsstufen durchlaufen Ihre Rohstoffe
bis zum Verkaufsprodukt?**

_____

_____

_____

Welche Entwicklung hatten Sie in den zurückliegenden drei Jahren in den Bereichen Arbeitssicherheit und Umweltschutz?

_____

_____

_____

Welche Möglichkeiten haben Sie Arbeitsunfälle innerhalb eines Jahres um fünfzig Prozent zu verringern?

_____

_____

_____

5.3 Nachgeschaltetes Markt - Marketing

Der Grundsatzgedanke des Marketings ist, dass alles Denken und Handeln eines Unternehmens zum Markt, d. h. zum Kunden hin, orientiert ist. Der Anspruch, der von der Kundschaft gestellt wird, wird konsequent in die internen Prozesse übertragen. Leistungen jeglicher Art, die als Wertschöpfungsprozess und -kette gehandhabt werden, sind zu maximieren. In dieses Bewusstsein sind alle Bestrebungen wie Qualität, Zeit, Kosten, Gewinn, Serviceleistung und Umweltfreundlichkeit eingebunden.

Marketing heißt aber auch, Chancen der Märkte zu erkennen und sie gewinnbringend in Produkte bzw. in Leistungen umzusetzen. Dazu gehören Innovationen in Form neuer und verbesserter Produkte, Dienstleistungen sowie die Verbesserung aller organisatorischen Abläufe innerhalb des Unternehmens. Dazu gehört auch der Umstieg von der reinen Ware auf Systeme. Ich kaufe z. B. nicht nur die Pumpe, sondern das komplett verrohrte System mit aller erforderlicher Mess- und Regeltechnik. Es werden globale Lösungen angeboten und verkauft. Ein ebenso wichtiger Punkt ist die Schulung und Weiterentwicklung des Personals. Diese Unternehmensziele werden mit dem aktuellen Thema Reengineering erfasst.

In folgendem Beispiel finden Sie eine Gliederung, die im Zusammenhang mit Marketing-Planungsprozessen eingesetzt werden kann. Zugrunde gelegt werden z. B. bereits eingeführte Produkte, Dienstleistungen, Produktgruppen, aber auch neue Produkte.

Gliederung eines Marketing Planungsprozesses

Die Voraussetzung für eine erfolgreiche Planung ist eine detaillierte Zieldefinition. Das Wort Planung beinhaltet den Begriff Anspruch. Welchen Anspruch stelle ich? Was soll erreicht werden? Welche Mittel stehen zur Verfügung? Ein wesentlicher Punkt ist die zu berücksichtigende Zeit. Nachstehend finden Sie ein einfaches Gerüst als Hilfsmittel.

Fünf Schritte zum Ziel:
a) Situationsanalyse
b) Zieldefinition
c) Maßnahmenkatalog
d) Realisierung/ Durchsetzung
e) Kontrolle

a) Situationsanalyse

Die Situationsanalyse ist insofern wichtig, da durch sie der momentane Stand global, aber auch im Detail, herausgearbeitet werden muss. Das Ergebnis der Analyse hat entscheidenden Einfluss auf die folgenden Entscheidungen. Der Marketinggedanke hat das primäre Ziel, die Zukunft nicht dem Zufall zu überlassen.
Erfasst werden die Punkte Absatz, Umsatz, sowie der Ergebnisbeitrag einzelner Produkte sowie Produktgruppen und global betrachtet den gesamten Verkauf.
Hierin eingebunden können folgende Fragen relevant sein:
Welchen Umfang sowie Größe und Ausgewogenheit hat das Sortiment? Wie sind die ABC Positionen der einzelnen Produkte im Gesamtsortiment? Welche Vorteile und Gefahren spiegeln die einzelnen Produktgruppen für die Zukunft? Wie sieht das Kundenanforderungsprofil bei den einzelnen Produkten und den Produktgruppen aus?

b) Zieldefinition

Die Zieldefinition zählt zu den wichtigsten Punkten einer Unternehmensstrategie. Ziele in ihrer Gesamtheit entscheiden über den

Erfolg der Planung. Unter diesem Aspekt müssen generelle Ziele festgelegt und mit strategischen Alternativen verbunden sein, zum Beispiel: Marktsegmentierung und die damit verbundenen Abnehmer- und Zielgruppen, Verarbeitungsverfahren, Ausstattung der Produkte, Entwicklungsmöglichkeiten, Werbemaßnahmen usw. Meilensteinkonzepte für Produkte wie auch Prozessabläufe sind Leitgedanken für einen geordneten Arbeitsprozess. Entscheidend in der Zieldefinition ist immer wieder die Zeit als wichtigen Einflussfaktor zu berücksichtigen. Ein weiterer Meilenstein für die Zielerreichung ist die Zielabsprache mit allen beteiligten Mitarbeitern. Nach dem Grundsatz „Information ist Motivation" kennen alle das Bild das mit Erreichung des Ziels entsteht. Schon oft sind unternehmerische Vorhaben gescheitert, weil das Ziel nur auf einem Papier existierte. Es im Team zu kommunizieren wurde unterlassen und war dadurch zwangsläufig zum Scheitern verurteilt.

c) Maßnahmen

Die Maßnahmen erfassen häufig ein Marketingmix, in dem Produkt-, Preis-, Kommunikations- und Distributionspolitik zusammenfließen.

d) Realisierung / Durchsetzung

Hier können alle bisherigen Maßnahmen und die damit verbundene Realisierung erneuert und gepuscht werden.

e) Kontrolle

Ständige Überwachung der Zielerreichung. Das heißt: regelmäßige Situationsanalysen.

Die drei Grundformen eines kommerziellen Marketings sind:
Alle Wirtschaftsaktivitäten in einem Land sind verschiedenen Unternehmensaktivitäten zuzuordnen. Mit der Teilung in verschie-

dene Bereiche werden zwangsläufig auch unterschiedliche Betrachtungen verlangt. Die drei Grundformen sind:
- Konsumgütermarketing
- Investitionsgütermarketing und
- Dienstleistungsmarketing

Diese Grundformen lassen sich in vier Marketinginstrumente teilen. Diese Marketinginstrumente werden nachfolgend grob beschrieben.
1. Produktpolitik
2. Preispolitik
3. Kommunikationspolitik
4. Distributionspolitik.

Produktpolitik
Zur Zeit können wir beobachten, dass die Industrie sich sehr stark auf die sogenannten Kernsortimente beschränkt. Verbunden mit dem Kernsortiment sind das notwendige Know-how vorhanden um trotz aller Schwierigkeiten im Markt erfolgreich zu sein.
- Sortimentspolitik
- Produktgruppen, Diversifikation
- Produktinnovationen, marktgerechte Entwicklung neuer Produkte
- Wachstumssicherung, Gewinnziele, verbesserte Wettbewerbssituation, Risikostreuung, Kapazitätsauslastung
- Ergebnisorientierte Produktbereinigung
- Verpackungspolitik
- Markenpolitik

Preispolitik
Preispolitik verlangt z. B. die Entscheidung eine Hochpreispolitik zu entwickeln oder aber eine Niedrigpreisgestaltung zu vertreten. Detailwissen über die jeweilige Marktsituation ist dabei unabdingbar.

- Kontrahierungspolitik, Preise, Rabatte, Zahlungsziele, Lieferbedingungen
- diverse Einflussgrößen, Einsatzmaterialien, Kosten, Qualität, Mitanbieter, Zielgruppen

Kommunikationspolitik
Die Kommunikationspolitik erfasst alle Botschaften, die ein Unternehmen erkennbar macht. Die Qualität dieses Informationsflusses entscheidet über die Durchsetzung aller vom Unternehmen ausgehenden Aktivitäten.

- Werbung, Werbestrategie, Mediamix, Werbebudget
- Verkaufsförderung, Gutscheine, Proben, Preisausschreiben, Werbezuschuss, Displaymaterial, Händlerlistenförderung, Prämien, Schulungen
- Öffentlichkeitsarbeit, Publicrelations, Zielgruppen, Imagebildung, Cooperated Design, Cooperated Identity
- Persönlicher Verkauf, Verkäufer, Außendienstmitarbeiter, Produktpräsentationen, Verkaufs- und Beratungsgespräche

Distributionspolitik
Die Distributionspolitik erfasst alle Aktivitäten mit denen die Leistungen eines Unternehmens in die verschiedensten Pipelines des Marktes transportiert werden.

- Standortwahl
- Absatzwege
- Absatzmittler
- Verkaufsorganisation
- persönliches Verkaufen, Reisende, Handelsvertreter
- Telefonmarketing
- Absatzdurchführung, Logistik

Wenn Sie in Ihrem Unternehmen mit Marketing Berührung haben, beantworten Sie bitte die folgenden Fragen und entwickeln Sie daraus ein für Sie sinnvolles Resümee.

Schreiben Sie sieben bis zehn Faktoren auf, warum Marketing gerade heute wichtig ist und seine Bedeutung hat.

_____

_____

_____

Wie würden Sie zum jetzigen Zeitpunkt das Marketingverhalten in Ihrem Unternehmen einschätzen und bewerten?

_____

_____

_____

Was verstehen Sie unter Marketingmix?

_____

_____

_____

Nennen Sie drei mögliche Marktnischen für Ihre Produkte.

_____

_____

_____

Wie ist es möglich, dass Unternehmen ihre Produkte bei vergleichbarer Qualität hochpreisiger verkaufen als ihre Mitanbieter?

_____

_____

_____

Welchen Einfluss haben Verpackung und Logistik auf den Absatz der Produkte?

_____

_____

_____

Wenn Sie international ein Produkt einführen wollen, welche Kriterien müssen Sie dabei berücksichtigen um erfolgreich zu sein?

_____

_____

_____

Was unterscheidet Unternehmen, die 70 Prozent Marktanteile haben, gegenüber den Anbietern, die nicht über 10 Prozent hinaus kommen?

_____

_____

_____

Was bedeutet Ihnen Zielmanagement im Marketingbereich?

_____

_____

_____

Welche Vorteile haben Sie mit innovativen Produkten?

_____

_____

_____

Was verstehen Sie unter zielorientierten Marketingstrategien?

_____

_____

_____

Welche Marktsegmente bzw. Zielgruppen werden von Ihren Produkten angesprochen?

_____

_____

_____

Nennen Sie die wesentlichen Merkmale Ihrer Exportländer. Z. B. Einwohnerzahl, industrielle Entwicklung und Infrastruktur, Kapitalstärke, Verbrauchergewohnheiten, allgemeine politische Situation?

_____

_____

_____

5.4 Kundenorientierte Verkaufspsychologie

Verkaufen ist die Kraft, die die Wirtschaft eines Staates in Gang hält. Der Beruf als Berater und Verkäufer verlangt spezifische Fähigkeiten. Wesentliche Kriterien sind Freude an dem Beruf des Verkaufens, die Identifikation mit den Produkten und die Loyalität zum Unternehmen. Hinzu kommen Flexibilität, Ausdauer, Hartnäckigkeit, Konflikt-Bereitschaft und der Wille zum Erfolg.
Immer häufiger sprechen wir vom Berater oder aber auch der Beziehungsmanagerin. Der Erfolg im Verkauf hängt von vielen Kriterien ab. Interessant ist, dass in diesem Beruf unter stark vergleichbaren Bedingungen sehr unterschiedliche Erfolge erzielt

werden. Damit ist bestätigt, dass nicht allein das Produkt und die Preise Einfluss auf den Umsatz haben, sondern die Persönlichkeitswerte des Einzelnen wesentlichen Einfluss nehmen. Gefragt ist neben einem anerkannten Fachwissen eine positive Ausstrahlung, Integrität sowie Selbstbewusstsein und Überzeugungskraft. Auch heute gibt es noch Verantwortliche in Verkaufsbereichen, die die Meinung vertreten, allein die Gesprächstechnik entscheide über den Verkaufserfolg. Dies ist eine gefährliche Ansicht und auf Dauer nicht haltbar. Wer den Kunden als Partner oder auch als Geschäftsfreund sieht, wird jene Ehrlichkeit und Qualität der Beratung entwickeln, die die Beziehung auf eine Partnerschaftsebene hebt. Wichtig ist, dass die Verantwortlichen Berater nicht zu häufig gewechselt werden. Davon abgesehen, dass eine hohe Fluktuation im Außendienst sehr kostspielig ist, wird die Möglichkeit eine enge Beziehung zu den Geschäftspartnern zu finden nicht aufgebaut. Die notwendige Vertrauensbasis für umfangreiche Geschäftsabschlüsse fehlt.

Kundenorientiert verkaufen ist die Bereitschaft in allen Gesprächen mit den Geschäftspartnern im Sinne des Kunden lösungsorientiert zu denken und zu argumentieren. Es werden keine Produkte, sondern Problemlösungen angeboten und zielorientiert kommuniziert. Mit dem Bewusstsein, dass alle Geschäftspartner nicht ein Produkt, sondern den Nutzen und die Vorteile des Produkts kaufen, wird zwangsläufig mit der Lösung auch das Produkt verkauft. Es gilt der Grundsatz:

❏ **Es muss das Ziel eines jeden Beraters sein seine Partner erfolgreich zu machen.**

Wem dies gelingt, der braucht sich auch um seinen Umsatz / Absatz keine Sorge zu machen.

Ein erfolgreicher Schlüssel für eine gute Gesprächsführung ist die Kunst des Fragens. Dabei sind drei Frageformen zu berücksichtigen. Diese sind:
- Die offenen Fragen, auch W-Fragen genannt, sind Fragen die uns viel Informationen bringen. Diese sogenannten Interview-

fragen veranlassen den Antwortenden zu freien Formulierungen und eigener Produktivität. Sie geben dem Befragten eine Mitsprachemöglichkeit und vermeiden Missverständnisse.
- Die geschlossenen Fragen, auch Kontrollfragen genannt, können grundsätzlich mit Ja oder Nein beantwortet werden. Sie sind nur gezielt einzusetzen, wirken oft als Schulmeisterei und sind nicht geeignet, ein offenes Gespräch zu führen.
- Die dritte Frageform sind alternative Fragen. Sie bieten zur Entscheidungsfindung häufig zwei, aber auch drei Möglichkeiten an. So z. B. bei einer konkreten Zielabsprache in dem Sie den Gesprächspartner fragen: Können wir das Gespräch diese Woche oder nächste Woche durchführen?

Wenn Sie in Ihren Verhandlungen die Kunst des Fragens gezielt einsetzen, beherrschen Sie ein Stück Macht der Kommunikation. Nachstehend finden Sie in sieben Schritten sehr komprimiert zusammengefasst, was wir unter moderner Verkaufspsychologie verstehen.

1. Gesprächsvorbereitung
Professionelles Verkaufen verlangt von Ihnen eine gute Vorbereitung auf jedes Gespräch. Folgende Fragen können helfen:

- Wen will ich sprechen?
- Warum will ich das Gespräch führen? Welches Ziel habe ich?
- Welche Punkte aus vorausgegangenen Besuchen, Telefongesprächen und sonstigen Kontakten sind eventuell noch offen?
- Was muss ich meinem Gesprächspartner bieten um mein Ziel zu erreichen?
- Mit welchen Widerständen kann und muss ich rechnen?

Wie bereiten Sie sich auf die Gespräche und Besuchstermine vor? Wissen Sie ob es ein Erstkontakt ist und welche Position das Unternehmen im Markt hat? Bei bestehenden Geschäftspartnern ist die Entwicklung der letzten Jahre wichtig.

_____

_____

_____

Welche Erwartungen hat der Kunde an Sie?

_____

_____

_____

Was wissen Sie über Ihre Mitanbieter, über deren Sortiment, Marktanteile und Servicestärken?

_____

_____

_____

Welche Marktanteile hat Ihr Unternehmen?
Schreiben Sie sieben Vorteile auf, die Gründe sein können, dass der Kunde bei Ihnen kauft.

_____

_____

_____

2. Begrüßungsphase

Es gibt mehrere Formen einer sinnvollen Begrüßungsphase. Folgende Kriterien sollten Sie dabei berücksichtigen: Gute Körperhaltung, Blickkontakt. Das heißt: alle Gesprächspartner ruhig und sicher anschauen, fester Händedruck, Namen nennen, sich für den Besuchstermin bedanken, nochmals den Grund des Besuchs erwähnen, Freude über das jetzt zu beginnende Gespräch zum Ausdruck bringen. Sprechen Sie ruhig, laut und deutlich. Signalisieren Sie über Ihre Stimme Begeisterung und Überzeugungskraft.

Es gibt eine Kultur im Umgang mit Geschäftsfreunden, die hilfreich ist erfolgreiche Gespräche zu führen. Dabei spielt es keine Rolle, ob Sie selbst Besucher sind oder Geschäftspartner in Ihrem Haus empfangen.

Es ist die Aufgabe des Gastgebers das Gespräch zu eröffnen. Sinnvoll ist es eine Tagesordnung abzustimmen. Auch schwierige Punkte werden aufgenommen und entsprechend behandelt, zum Beispiel nicht beglichene Rechnungen, eine noch offene Reklamation oder Liefertermine.

**Welchen Einfluss hat die Begrüßungsphase
auf den Abschluss?**

___

___

___

**Wie konsequent nennen Sie den oder die Namen
Ihrer Gesprächspartner? Warum ist das wichtig?**

___

___

___

**Wie ist Ihr gesamtes Auftreten? Dazu gehören
Ihr äußeres Erscheinungsbild und Ihre Körpersprache**

___

___

___

Wenn Sie Qualität verkaufen wollen, warum ist es dann wichtig, dass Sie auch diese Qualität verkörpern?

_____

_____

_____

3. Bedarfsanalyse, Situationsanalyse

Die Bedarfs- bzw. Situationsanalyse ist mit die wichtigste Phase in einem Verkaufs- und Beratungsgespräch. Die Voraussetzung für eine gute Analyse ist das Geschick, über gezielte Fragen detaillierte Informationen zu erhalten. Das bedeutet Anteilnahme zu zeigen und sich für das Problem des Gesprächspartners zu interessieren. Darüber hinaus den Bedarf zu erfahren um gezielt beraten zu können. Seien Sie ein guter Zuhörer und analysieren Sie das Gespräch mit dem Wunsch die Ziele Ihres Partners zu erkennen, um mit diesem Wissen zur Problemlösung beizutragen.
Bitte beantworten Sie folgende Fragen:

Warum ist es wichtig, dass Ihre Gesprächspartner etwa 50 % Gesprächsanteile während der Verhandlung haben?

_____

_____

_____

Was hat Fragen mit Hinhören zu tun?

_____

_____

_____

Warum ist Ihrer Meinung nach eine gute Bedarfsanalyse die Voraussetzung für ein erfolgreiches Gespräch?

_____

_____

_____

Wie bewusst stellen Sie die Vorteile Ihrer Produkte heraus? Was bewirkt dies bei Ihrem Gesprächspartner?

_____

_____

_____

Welche Vorteile haben Sie in einer Verhandlung, wenn Sie Ihre Serviceleistungen deutlich hervorheben?

_____

_____

_____

4. Produktpräsentation
Produkt-Nutzen-Argumentation

Alle Produkt-Nutzen-Argumente müssen auf die Bedürfnisse und Erwartungen des Gesprächspartners abgestimmt sein. Je besser der Kundenwunsch mit den Produktqualitäten identisch ist, um so leichter wird es den Abschluss zu finden. Berücksichtigen Sie immer wieder, dass die Partner mit dem Produkt dessen Möglichkeiten und Vorteile kaufen. Das verlangt von Ihnen während der Bedarfsanalyse genau hinzuhören und überzeugend zu argumentieren. Folgende Kriterien können Ihnen helfen, die an das Produkt gebundene Leistung herauszustellen:

Merkmale: Maße, vergleichbare Formen, Farben, Gewichtsangaben, Mechanik, Werkstoffe.

Eigenschaften: einfache Handhabung, vielseitig einsetzbar, robust, sicher, stufenlose Geschwindigkeitsregulierung, sparsam, umweltfreundlich, recyclingfähig, unbegrenzt haltbar, süß, sauer usw.

Beschaffenheit: flüssig, fest, raue Oberfläche, kantig, pulvrig, gekörnt, kristallin.

Nennen sie die Vorteile und Stärken der Produkte und alle Ihre Serviceleistungen, die Sie anbieten. Gehen Sie auf Ihren Partner ein.

Schreiben Sie sieben Eigenschaften eines Ihrer Produkte auf, die als Qualitätsmerkmale dem Kunden Vorteile bringen.

___

___

___

Welche Unterscheidungsmerkmale können Sie einbringen, um sich von anderen Lieferanten abzugrenzen?

___

___

___

Warum ist es wichtig, dass Sie von Wettbewerbsunternehmen und deren Leistungen nicht schlecht reden?

___

___

___

5. Einwandbehandlung

Sehen Sie grundsätzlich in dem Einwand Ihres Gegenübers eine Chance. Sicherlich gibt es Kundenargumente, die als Angriff auf ein Produkt zu bewerten sind. Werden Sie sich bewusst, dass wir Menschen uns nur dann kritisch mit etwas auseinandersetzen, wenn es für uns interessant ist und einen Wert hat. Einwände besagen: ich habe kein Vertrauen, ich bin nicht überzeugt, mein Motiv ist noch nicht angesprochen, ich habe bereits eine feste Meinung. Ein Einwand besagt, dass die Erwartungen des Kunden noch nicht in Übereinstimmung mit den Argumenten der beratenden Person stehen.

Aus dieser Perspektive betrachtet ist der Einwand eine hervorragende Möglichkeit über die Wünsche und Ziele des Kunden mehr zu erfahren und die Qualitäten des Produkts noch deutlicher herauszustellen.

Hören Sie interessiert zu, und bleiben Sie ruhig und sachlich. Drücken Sie durch Mimik und Gestik Offenheit und Bereitschaft aus, den Einwand anzunehmen. Vermeiden Sie negative Äußerungen wie: das sehen Sie völlig falsch, Sie irren sich, Sie haben Vorurteile, das habe ich schon einmal erklärt.

Gleichgültig, welchen Einwand Ihr Gesprächspartner bringt, zeigen Sie Verständnis. Folgendes wird der Kunde als verbindlich empfinden:

In dieser Phase der Gesprächsführung ist es wichtig, dass Sie weitere Fragen stellen. Versuchen Sie mehr Informationen über den Einsatz der Produkte zu erfahren. Nehmen Sie den Kunden ernst. Lassen Sie ihn ausreden. Argumentieren Sie fachlich und überzeugend. Vermeiden Sie Formulierungen, die sich wie eine Verteidigung anhören.

Nennen Sie fünf Gründe, warum Einwände der Gesprächspartner positiv sind.

_____

_____

_____

Was empfinden Sie, wenn der Kunde die Qualität der Produkte oder auch die Serviceleistungen in Frage stellt?

_____

_____

_____

Nennen Sie die sieben häufigsten Einwände, die Ihre Kunden vorbringen.

_____

_____

_____

Schreiben Sie auf, wie Sie diesen Einwänden argumentativ begegnen.

_____

_____

_____

6. Abschlussphase, Zielabsprachen

Der Abschluss sollte für den Kunden und für die beratende Person zum Erfolg werden. Hier sollte das Winner-Winner-Prinzip gelten. Ohne Abschluss ist das Problem des Kunden nicht gelöst und sein Ziel nicht erreicht. Häufig sind Kunden unzufrieden, weil bestimmte Erwartungen keine Realisierung gefunden haben. Wenn Sie als Beraterin oder als Berater dieses Gesetz klar erkennen, wird es Ihnen nicht schwer fallen, erfolgreiche Abschlüsse zu tätigen. Viele Berater werden in der Abschlussphase unsicher. Die Furcht vor einem Nein bewirkt bei Ihnen, dass sie sich nicht mehr überzeugend verhalten. Anstatt den Kunden nochmals komprimiert alle Vorteile aufzuzeigen, werden zaghafte Fragen nach einem möglichen Abschluss entwickelt. Auf subtiler Ebene überträgt sich diese Ihre Unsicherheit auf den Gesprächspartner, und

Sie als beratende Person lösen ungewollt das Nein aus. Machen Sie sich bewusst, dass alle Gesprächspartner das Recht haben, Nein zu sagen. Es ist jedoch die Aufgabe des Beraters, die zur Ablehnung führenden Faktoren zu erkennen und argumentativ zu eliminieren. Verhandeln Sie mit Begeisterung, und es wird Ihnen nicht schwer fallen, zu überzeugen. Der Abschluss ist für den Kunden und für Sie das gemeinsame Ziel und der beiderseitige Erfolg.

◻ **Der Abschluss ist für den Kunden und für Sie das Erreichen des gemeinsamen Zieles und bedeutet den beiderseitigen Erfolg.**

Bitte beantworten Sie die folgenden Fragen:

Wenn Sie zu einem Team von Beratern zählen und Ihren Erfolg mit dem der anderen vergleichen, in welchem Drittel dürfen Sie sich einstufen?

_____

_____

_____

Wie überzeugt sind Sie von Ihren Produkten, dem Unternehmen und sich selbst?
Antworten Sie bitte in Prozenten. 100% = total

_____

_____

_____

Nennen Sie sieben Verhaltensweisen, die Sie in Verhandlungen erfolgreich machen.

_____

_____

_____

**Nennen Sie drei Verhaltensweisen,
die Sie ab sofort verbessern wollen.**

_____

_____

_____

Bitte bewerten Sie diese Fragen, ziehen Sie daraus ein Resümee und setzen Sie sich neue Ziele.

7. Verabschiedung

Mit der Verabschiedung sollte bei beiden Gesprächspartnern der Wunsch bestehen, sich zu einer unbestimmten Zeit wiederzusehen. Häufig wird sich am Ende eines Verkaufsgesprächs bedankt. Zu 90 % kommt die positive Äußerung von der beratenden Person und in etwa 10 % von Seiten des Kunden. Nachstehend finden Sie Formulierungen, die sich als sehr positive Möglichkeiten anbieten sich vom Kunden zu verabschieden.
- Sie haben eine gute Entscheidung getroffen. Sie werden viel Freude an dem Produkt haben.
- Ich möchte mich bei Ihnen für das gute Gespräch bedanken. Ich wünsche Ihnen noch einen erfolgreichen Tag.
- Ich würde mich freuen, wenn ich Sie bald wieder begrüßen kann. Ich wünsche Ihnen eine gute Zeit.

Verhalten Sie sich auch dann freundlich und verbindlich, wenn es nicht zu einem Abschluss gekommen ist. Ihr Gesprächspartner wird Sie in guter Erinnerung behalten und zu einem anderen Zeitpunkt gerne wieder zu einem weiteren Gespräch bereit sein. Ausdruck von Unzufriedenheit und andere Missfallenskundgebungen sind Signale, die den Kunden grundsätzlich vertreiben und das nächste Gespräch belasten.

❒ **Freundlichkeit ist wie eine unsichtbare Leine, die den Gesprächspartner und Sie selbst verbindet.**

Bitte beantworten Sie folgende Fragen:

**Warum ist es wichtig,
dass Sie bei der Verabschiedung keine Eile signalisieren?**

_____

_____

_____

**Welche Möglichkeit haben Sie,
die Wichtigkeit des Gesprächs nochmals herauszustellen?**

_____

_____

_____

5.5 Unternehmerische Zukunftsperspektiven

Unternehmensziele

Sie umfassen alle Handlungen, die das Unternehmen als Spiel der Kräfte zum Markt hin entwickelt. Hierunter fallen auch Vorhaben, die zunächst als globale Ziele definiert werden. So kann es ein Ziel sein Marktführer zu werden oder kreatives und innovatives Denken und Handeln im Unternehmen zu verstärken. In jedem Unternehmen ist es wichtig, zielgerichtetes Denken, Entscheiden und Handeln zu überprüfen und gegebenenfalls zu verbessern.

❐ **Ziele dürfen nicht nur an vorhandenen Gegebenheiten angelehnt sein. Kreative und innovative Ziele sind die Voraussetzung für den Erfolg.**

Visionäre Ziele stellen das Unternehmen vor die Herausforderung, Kreativität zu entwickeln, Innovationen zu schaffen und diese als einen Vorsprung im Markt gewinnbringend umzusetzen.
Dabei müssen die Ziele in ein festes Zeitgefüge eingebettet und somit auch kontrollierbar sein. In einem zukunftsorientierten Unternehmen sind unter anderem folgende Ziele zu berücksichtigen und zu realisieren:
Alle neu entwickelten Produkte sollten z. B. umweltfreundlich aufgebaut sein. Das heißt, die eingesetzten Rohstoffe und das daraus hergestellte Endprodukt sollen für Mensch und Natur möglichst unbedenklich ein.
Die Prozesswege müssen vom eingesetzten Rohstoff bis zur Endstufe allen modernen Technologien entsprechen. Hier sind alle Maßnahmen verlangt, die eine Verringerung des Energiebedarfs bewirken: z. B. effektive Steuerung von Prozessstraßen, Verwertung von Nebenprodukten und Zwangsanfällen. Alle bestehenden Produkte müssen auf dem kürzesten Weg so verändert werden, dass sie den Bedürfnissen des Verbrauchers entsprechen.

Bitte beantworten Sie die folgenden Fragen:

Welche Zukunftsperspektiven haben Ihre derzeitigen Verkaufsprodukte?

_____

_____

_____

Wie alt sind Ihre jetzigen Verkaufsprodukte? (Lebenszyklus)

_____

_____

_____

**Welche Umsatz/Absatzentwicklung
haben die Produkte erfahren?**

_____

_____

_____

Wie ist die Reaktion des Marktes auf Ihre Produkte (Image)?

_____

_____

_____

Unternehmensstrategie

Strategie ist das abgestimmte Zusammenwirken aller Kräfte in einem Unternehmen, die eingesetzt werden um die angestrebten Ziele zu realisieren. Dabei wird eine logische Taktik und entsprechende Operationen entwickelt. Diese strategischen Maßnahmen streben ein Optimum an Wirkung durch ein Minimum an Einsatz an. In einer Strategie spiegeln sich grundsätzlich Systematik und detaillierte Pläne wider. Es ist die Art und Weise gemeint, wie Unternehmen ihre Ziele realisieren. Die Strategie beinhaltet oft ein Marketing-Mix. In diesem Mix spiegelt sich das Ziel, das mit Hilfe der Strategie erreicht werden soll. Alle kreativen Kräfte im Unternehmen werden zu Zielen gebündelt. Mit ihnen gilt es erfolgreich in den Markt einzudringen, die Position zu stärken und zu weiten um somit eine expansive Unternehmenspolitik zu sichern.

❒ **Kompetenz und Konsequenz
   sind dabei die Basis des Erfolgs.**

Berücksichtigt werden bei der Strategie alle vorliegenden Markt-Kenntnisse, wie z.B. die Gewohnheiten, Wünsche und Bedürfnisse der zu erreichenden Zielgruppen. Das Verhalten der Mitanbieter wird analysiert und für das eigene Verhalten genutzt.

Beantworten Sie bitte die folgenden Fragen und stellen Sie dabei Ihre kommende Zielstrategie fest.

**Welche Marktanteile
wollen Sie in den nächsten drei Jahren erreichen?**

_____

_____

_____

**Welche Vertriebswege
wollen Sie beibehalten bzw. erneuern und verändern?**

_____

_____

_____

**Welche Widerstände
können bei der Realisierung Ihrer Strategie auftreten?**

_____

_____

_____

Welches Ergebnis streben Sie nach diesen drei Jahren an?

_____

_____

_____

**Wie viel Fremdhilfe
können und wollen Sie von außerhalb in Anspruch nehmen?**

_____

_____

_____

**Welche Möglichkeiten haben Sie,
das Unternehmensziel strategisch zu stützen?**

_____

_____

_____

5.6 Ist – Soll – Vergleich

Ziele erfolgreich zu realisieren verlangt die permanente Bereitschaft und Freude Entscheidungen zu treffen. Die richtigen Entscheidungen beeinflussen den Erfolg aller eingeleiteten Maßnahmen. Voraussetzung für solche Festlegungen sind nicht nur richtige und ausreichende Informationen, sondern die Fähigkeit durch sie die richtigen Entscheidungen zu treffen. Oft liegen genug Erfahrungen aus dem internen und externen Unternehmensbereich vor um aus diesem Wissensstand die richtigen, logischen Schlüsse zu ziehen.
Leider werden diese Möglichkeiten zu wenig genutzt. Gewohnheiten und die dadurch bedingte „Blindheit" sowie vorgetäuschter Zeitmangel sind oft Ursachen für wenig effiziente Entscheidungen.
Der Ist - Soll - Vergleich ist eine einfache Methode um definierte Ziele zu überprüfen. Hat ein Unternehmen ein innovatives Produkt in den Markt eingeführt, so werden in Verbindung mit einer vorausgegangenen Marktanalyse bestimmte Erwartungen als Ziele definiert. Unter Berücksichtigung aller Einflüsse, wie zum Beispiel dem Saisongeschäft, den Mitanbietern und Werbemaßnahmen, lassen sich diese Ziele überprüfen. Diese Zusammenhänge lassen sich über Menge und Wert bzw. Absatz und Umsatz erfassen. Darüber hinaus gibt es vor allem bei bestehenden Sortimenten und Geschäften weitere, sehr wichtige Analyseverfahren.

ABC-Produkte

Angenommen Sie haben eine Produktgruppe bestehend aus 100 verschiedenen Produkten, mit denen Sie einen Umsatz von 10 Millionen Mark machen. Eine nähere Betrachtung wird Ihnen zeigen, dass Sie 7 - 8 Millionen des Umsatzes mit 20 - 30 Produkten machen. Diese Produkte sind Ihre A-Produkte. Dann haben Sie möglicherweise noch 30 - 40 B- und einen Rest C- Produkte.

Eine weitere ABC-Betrachtung dieser Produktpalette kann den Gewinn betreffen. Welche der Produkte werfen den höchsten Gewinn ab? Diese Produkte sind bei dieser Betrachtungsweise wiederum als A-Produkte zu sehen. Aus der Sicht des Gewinns können auch B- und C-Produkte als A-Produkte bewertet werden.

Ideal ist es, wenn die 20 - 30 umsatzstarken Produkte möglichst auch zu den A- Produkten im Gewinnbereich gehören. Es muss immer wieder überprüft werden, welche der B- und C-Produkte, die vom Gewinn her in die A-Klasse eingestuft werden, auch vom Umsatz her zu A-Produkten entwickelt werden können.

Der Wissensstand der Arbeitnehmer über die Unternehmensziele und die daraus abgeleiteten Strategien ist oft unbefriedigend. Es fehlen häufig Informationen über die Mitanbieter, bei Exportgeschäften über die Infrastruktur und die Einwohnerzahl der betreffenden Länder und über Verbrauchergewohnheiten und die vorhandene Kaufkraft.

❒ **Ausreichende Informationen verschaffen einen Überblick und führen zu richtigen Entscheidungen.**

Vor allem der Informationsfluss ist in den Unternehmen deutlich zu verbessern. Noch gravierender ist diese Situation im Handwerksbereich. Fehlende Marktinformationen, verbunden mit kaum erkennbarem kaufmännischem Denken, sind oft Ursache von wirtschaftlichen Fehlentwicklungen.

❒ **Keine Planung, keine Strategie, kein Erfolg.**

Bitte beantworten Sie die folgenden Fragen:

Wo überall bestehen im Unternehmen die Möglichkeiten, Ist-Soll-Vergleiche durchzuführen?

_____

_____

_____

Wenn Sie jetzt in diesem Moment Ihren Verantwortungsbereich analysieren, stehen Sie dann im Minus oder im Plus?

_____

_____

_____

Welche Entwicklung hat Ihr Unternehmen in den letzten drei Jahren genommen? Sind die Ziele erreicht?

_____

_____

_____

Weshalb wurden die Ziele erreicht?
Weshalb wurden die Ziele nicht erreicht?

_____

_____

_____

Nennen Sie die zehn wichtigsten A-Umsatzprodukte Ihres Unternehmens.

_____

_____

_____

Nennen Sie die zehn wichtigsten Ergebnisprodukte Ihres Unternehmens.

_____

_____

_____

Was können Sie verändern, damit alle zehn A-Umsatz-Produkte auch zehn Ergebnisprodukte werden?

_____

_____

_____

5.7 Kurz-, mittel-, und langfristige Unternehmensziele

Kurz-, mittel- und langfristige Unternehmensziele sind als ein strategisches Werkzeug zu sehen. Klar definierte Visionen verbunden mit festgelegten Zeitabschnitten sind Voraussetzung für viele notwendige Kontrollen. Einen genauen Zeitbegriff für eine kurz-, mittel- und langfristige Zielplanung gibt es nicht mehr. Aufgrund der Schnelllebigkeit haben sich die Zeitspannen verändert. Heute be- deutet kurzfristig: eins bis drei Jahre, mittelfristig: drei bis fünf Jahre, langfristig: fünf bis sieben Jahre. Ungeachtet dieser Zeitspannen werden in vielen Unternehmen quartalsweise die Entwicklungen analysiert und notwendige Entscheidungen getroffen. Mit den angestrebten Zielen wird auch eine Planung und Budgetierung festgelegt. Planung ist der Prozess von Überlegungen und Entscheidungen, wie die festgelegten Ziele zu verwirklichen sind. Rationelles Denken und Handeln wird dabei zugrunde gelegt. Planung ist die gedankliche Vorausschau wirtschaftliche Ergebnisse zu einem bestimmten Zeitpunkt zu erreichen. Eine Planung ist also eine zukunftsbezogene rationale Festlegung. Sie wird somit zur Grundlage des gesamten Führungssystems und den daraus resultierenden Entscheidungen und Kontrollen.

Von Unternehmen zu Unternehmen werden Ziele unterschiedlich definiert. Dabei sind periodische Planungen von Projektplanungen zu unterscheiden.

Bei Zielplanungen ist es wichtig, immer wieder alle Alternativen mit zu berücksichtigen. Hierunter verstehen wir, dass die Ziele in Verbindung mit der realen Möglichkeit in Frage gestellt werden. Hintergrund dieser Überlegungen ist die Feststellung, inwiefern auch das maximale Ziel realisiert wird.

Der Feind allen Fortschritts ist die Zufriedenheit. Aus dieser Sicht betrachtet, werden in vielen Unternehmen Zielplanungen entwickelt, die mit großer Sicherheit erreicht werden können. Risiken einer zu hohen Zielplanung werden vermieden. Konflikte werden schon im Vorfeld minimiert. Es fehlt der Ehrgeiz und der Wille, die tatsächlich vorhandenen Möglichkeiten im Markt zu nutzen und zum Erfolg zu führen.

Beispiel: Der Geschäftsführer eines Unternehmens hat sein gesamtes strategisches Verhalten so ausgerichtet, dass ein jährlicher Umsatzanstieg von ca. 2 - 3 % realisiert wird. Seine Aussage: Es ist für mich wichtiger einen kontinuierlichen Umsatzanstieg zu haben als in eins bis zwei Jahren einen Umsatzanstieg von 10 – 20 % zu erreichen und diesen dann halten zu müssen.

Im folgenden finden Sie spezifizierte Ziele, die helfen strategisch zu denken und zu entscheiden.

Marktziele

Marktziele erfassen den Absatz und Umsatz aller Leistungen im Unternehmen und die damit verbundenen Marktanteile. Hinzu kommen die Ziele in Verbindung mit dem Beschaffungsmarkt.

Effizienzziele
Diese Ziele beziehen sich auf das Wirtschaftlichkeitsdenken, Entscheiden und Handeln im Unternehmen. Erfasst werden Gewinn und Kapitalrentabilität.

Strukturziele
Hier werden Veränderungen von Unternehmensstrukturen und Leistungspotentialen angestrebt. Strukturziele erfassen Maßnahmen, die die organisatorischen Abläufe in einem Unternehmen maximieren. Kürzere und schnellere Wege sowie eine erhöhte Flexibilität intern und extern sind eingebunden. Es gilt der Grundsatz, dass die Ablauforganisation der jeweiligen Entwicklung angepasst wird.

Soziale Ziele
Sie streben Veränderungen in der Unternehmenskultur an. Intern erfassen diese Ziele den gesamten Personalsektor, extern wird eine Verbesserung bzw. Erhaltung der öffentlichen Meinung angestrebt.

☐ **Grundsätzlich müssen alle Ziele klar, widerspruchsfrei und verständlich sein. Ihre Realisierbarkeit ist Bedingung. Die Messbarkeit aller Ziele wird vorausgesetzt. Mit dieser Messbarkeit werden auch Beurteilungskriterien mit den Verantwortlichen festgelegt.**

Bitte beantworten Sie die folgenden Fragen:

Schreiben Sie die lang- mittel- und kurzfristigen Ziele in Ihrem Verantwortungsbereich auf.

Entscheiden Sie sich drei Gegebenheiten innerhalb des kommenden Jahres so zu verändern, dass eine höhere Effizienz erreichbar ist.

_____

_____

_____

Welche sozialen Ziele hat Ihr Unternehmen? Welche Möglichkeiten haben Sie diese Ziele zu beeinflussen und zu realisieren?

_____

_____

_____

5.8 Qualitätsmanagement

Das Management zeichnet sich durch die Konsequenz aus, mit der es seine Visionen umsetzt. Ein permanentes Kriterium für den unternehmerischen Erfolg ist das Qualitätsmanagement. In der deutschen Industrie hat sich der fachspezifische Ausdruck Kaizen durchgesetzt. Er kommt aus dem Japanischen und bedeutet die permanente Verbesserung aller Leistungen im Unternehmen als fortwährender Prozess. Qualität auf allen Ebenen hat bewirkt, dass heute auch im internen Bereich von einem Kunden-Lieferantenverhältnis gesprochen wird. Jede Leistung muss in ihrer Qualität so abgerundet und vollkommen sein, dass der Empfänger dieser Leistung die anknüpfenden Aufgaben ohne zusätzlichen Aufwand verwirklichen kann.

Qualität ist inzwischen ein Begriff geworden, der in seiner Aktualität kaum zu steigern ist. Unterscheiden müssen wir jedoch zwischen dem Wissen über Qualitätsanforderungen und der Realisierung von Qualitätsmerkmalen. Zwischen Wissen und Handeln bzw. der Realisierung geforderter Kriterien besteht eine große Kluft. Diese Erfahrung verlangt konzeptionelle Klarheit, Analyse der Ist-Situation, strategische Ziele und motivierende Einflüsse, die das Umsetzen aller geforderten Maßnahmen garantieren.

Nachstehend sind wesentliche Teile aus dem Qualitätsmanagement erfasst. Wichtig ist dabei bestimmte Aspekte transparent darzustellen.

Qualität - global
1. Qualität der Verfahrensprozesse
2. Qualität der Produkte
3. Qualität der Organisation
4. Qualität der Leistung
5. Qualität des Führens
6. Qualität des Umweltbewusstseins

Jeder dieser Punkte kann wiederum Gegenstand eines in sich geschlossenen Fachvortrags sein. Aus diesem Grund sind im Folgenden die einzelnen Punkte nicht definiert, sondern als Gliederung eines eigenen Vortrags dargestellt.

1. Qualität der Verfahrensprozesse

a) Prozesskettenanalyse
b) Einzelprozess
c) Schnittstellen
d) Lieferanten-Kundenverhältnis
e) Ziele
f) Zukunftsperspektiven

a) Prozesskettenanalyse

Ziel der Prozesskettenanalyse ist es die Prozessorientierung und das Bewusstsein für die Bedeutung von Schnittstellen zu verstärken. Beispielsweise kann hier ein eingesetzter Rohstoff über die verschiedensten Prozessabläufe bis zu seiner Fertigstellung und Weitergabe an den Kunden dargestellt werden.

b) Einzelprozess

Zunächst wird der Einzelprozess definiert. Wie gliedert sich dieser in den Gesamtprozess ein? Gibt es Engpässe, Materialprobleme, evtl. auch Personalfragen?

c) Schnittstellen

Grundsätzlich müssen Schnittstellen im internen und externen Bereich gesehen werden. Wir finden sie zwischen dem vorgeschalteten Markt, der Wertschöpfung und dem nachgeschalteten Markt. Der vorgeschaltete Markt ist der Beschaffungsmarkt. Hier sind alle Lieferanten als Geschäftspartner erfasst. Der Bereich Wertschöpfung beinhaltet alle internen Produktions- und organisatorischen Prozesse. Der nachgeschaltete Markt umfasst alle Kunden, die die Leistung des Unternehmens resultierend aus den Prozessketten erfahren.
Die Bedeutung der Schnittstellen muss deutlich herausgestellt werden. Das Denken in einem internen Kunden-Lieferantenverhältnis kann hier helfen. Jeder Beteiligte muss sich bewusst werden, dass eine einzige Störung innerhalb des Prozessablaufs den Gesamtprozess negativ beeinflusst.

d) Lieferanten- Kundenverhältnis

Das Verhältnis eines Unternehmens zu seinen Lieferanten und auch zu seinen Kunden spiegelt die in ihm gelebte Kultur wider. Auch dann, wenn das Unternehmen sehr gewinnorientiert ist, darf die Qualität der Fairness gegenüber Lieferanten nicht verloren gehen.

e) Ziele

Was soll erreicht werden? Welche Schritte müssen gegangen werden um das Ziel zu erreichen? Zum Beispiel: Zertifizierung nach ISO-Norm 9000, mehr Kundenorientierung, Verbesserung des Service, Qualitätssicherung bestimmter Produkte, Verlagerung von Teilprozessen.

f) Zukunftsperspektiven

Wo will das Unternehmen zu einem bestimmten Zeitpunkt stehen?

Wie konsequent sind dabei Fragen zu Kostenminimierung, Gewinnmaximierung und Umweltverantwortung berücksichtigt?

2. Qualität der Produkte

a) Das Produkt als Bindeglied zwischen Hersteller und Kunde
b) Kundenerwartung zum Produkt
c) Qualitätsprofil der Produkte
d) Reklamationshäufigkeit
e) Serviceleistungen
f) Ziel
g) Zukunftsperspektiven

a) Das Produkt als Bindeglied zwischen Hersteller und Kunde

Jedes Unternehmen sollte den Mitarbeitern vorrangig bewusst machen, dass das Produkt das Bindeglied zwischen Hersteller und Kunde ist. Was der Kunde physisch und geistig erfährt, ist die Qualität des Produktes und die mit ihr verbundene Leistung. Probleme jeglicher Art, die der Hersteller bei der Schaffung des Produktes hat, sind für den Kunden unwichtig und auch uninteressant. Allein entscheidend ist für ihn die Qualität und der damit verbundene Nutzen des Produktes.

b) Kundenerwartung zum Produkt

Hier sind alle physischen, aber auch psychischen Erwartungen des Kunden zu nennen. Im Physischen werden alle messbaren Kenngrößen und Eigenschaften erfasst. Die Werte müssen reproduzierbar sein. Die psychischen Kundenerwartungen betreffen beispielsweise Bequemlichkeit, Sicherheit, Lebensdauer, Recyclingfähigkeit, Prestige.

c) Qualitätsprofil der Produkte

Werden die Kundenerwartungen erfüllt? Was muss verbessert werden? Welche Möglichkeiten bestehen um das Produkt attraktiver zu machen?

d) Reklamationshäufigkeit

Reklamationen sind für jedes Unternehmen kostspielig. Die Nacharbeit an einem reklamierten Produkt liegt häufig in der Größenordnung von 40 Prozent der Herstellungskosten. Hierbei ist der Imageverlust nicht miterfasst.

e) Serviceleistungen

Welche Leistungen werden von dem Unternehmen als Service mitgeliefert?

f) Ziele

Die Ziele können je nach Produkt sehr unterschiedlich sein. Sie sind abhängig von der bisherigen Entwicklung des Produkts, den Marktmöglichkeiten und der allgemeinen Akzeptanz beim Kunden.

g) Zukunftsperspektiven

Wie stark wird sich das veränderte Qualitätsdenken auf das Produkt auswirken? Wie deutlich wird das Bestreben nach Erfolg, die Verantwortung gegenüber der Existenz des Unternehmens und die damit verbundene Arbeitsplatzsicherung des Personals?

3. Qualität der Organisation

a) Unternehmensorganisation
b) Abteilungen als Organisationseinheit
c) Schnittstellen
d) Ziele

a) Unternehmensorganisation

Das Wort „Organisation" birgt zwei wesentliche Aussagen. Zum einen erfasst es Abläufe, die einen zusammenhängenden Prozess erkennbar machen und als feste Strukturen vorliegen. Zum anderen verkörpert es eine Dynamik, die als ein Spiel von Kräften innerhalb der Strukturen wahrgenommen wird. Davon ausgehend, dass ein Unternehmen in die Bereiche Technik, Organisation und Mensch gegliedert werden kann, findet der organisatorische Teil häufig zu wenig Beachtung. Technik und Mensch erfahren vom unternehmerischen Denken eine stärkere Zuwendung als der Faktor Organisation. Hierin liegt jedoch nicht nur die große Chance etwas zu verbessern, sondern die Gelegenheit Zeit und Kosten zu minimieren.

b) Abteilungen als Organisationseinheit

Die Gesamtorganisation eines Unternehmens ist abhängig von der Organisation der einzelnen Abteilungen bzw. Unternehmensbereiche. Die funktionale Leistungsfähigkeit kann nur so gut sein, wie der schwächste Teil einer Kette. Über dieses Beispiel wird klar, wie wichtig Abteilungsorganisationen für die gesamte unternehmerische Organisation sind. Auf diese Verantwortung kann nicht deutlich genug hingewiesen werden.

c) Schnittstellen

Im Qualitätsmanagement sprechen wir häufig von den internen Lieferanten-Kundenverhältnissen. Die Qualität der Wertschöpfung, die innerhalb der Unternehmensprozesse entsteht, wird stark von dem Spiel der Kräfte an den abteilungsübergreifenden Schnittstellen beeinflusst. Das viel zitierte „über den Tellerrand hinaus" - Denken und -Handeln ist hier gefragt. Die Leistung in der eigenen Abteilung verlangt Mitverantwortung gegenüber dem Kollegen in der Folgeabteilung, der als Kunde gesehen werden soll.
In diesem Zusammenhang sind die einzelnen Abteilungen angewiesen ihre Arbeitsabläufe zu kontrollieren und permanent zu verbessern.

d) Ziele

Eine Faustregel besagt, dass 50 Prozent des unternehmerischen Erfolgs von den organisatorischen Abläufen beeinflusst wird. Es muss somit das Ziel sein, die sehr häufig zu verbessernden organisatorischen Prozesse zu maximieren. Dies verlangt die Feststellung, wo Reibungsverluste sind. An welchen Stellen ist der Zeit- aufwand zu hoch? Wie können die gesamten zusammenhängenden Ketten besser abgestimmt und effizienter gesteuert werden?

4. Qualität der Leistung

Unter Leistung verstehen wir alle in einem Unternehmen eingebrachten Aktivitäten, die das Ergebnis beeinflussen. Das trifft auf die Veredelung von Rohstoffen, die Verarbeitung von Naturstoffen sowie alle Dienstleistungen zu.

In der Vergangenheit hat sich gezeigt, dass besonders im Wertschöpfungsbereich mit weniger Personal mehr Leistung erzielbar ist. Die Voraussetzungen hierfür sind:
Technik
Organisation
Mensch

a) Technik
Gefragt sind Technologien, die schneller, rationeller und sicherer arbeiten. Dieses Ziel ist nicht immer an neue Maschinen gebunden. Der seit einigen Jahren anhaltende Druck kostengünstiger zu produzieren hat häufig bei den eingesetzten Technologien zu wesentlich höherem Produktionsauswurf geführt. Dabei wurden oft Ideen und Verbesserungsvorschläge der Mitarbeiter genutzt. Zur Qualität der Technologie zählt auch die Arbeitssicherheit.

b) Organisation
Eine Faustregel besagt: 50 % des Erfolgs ist organisatorisch bedingt. Erfahrungsgemäß gibt es wenige Unternehmen, die nicht noch Reserven in den organisatorischen Abläufen haben. Diese Abläufe in Abteilungen und Betrieben dürfen wir als ein Spiel zusammenhängender Kräfte im Unternehmen sehen. Die Bedeutung der Organisation wird im allgemeinen unterschätzt. Häufig sind nicht gut abgestimmte Abläufe Ursachen für Kundenreklamationen. Außerdem verursachen sie Zeitverlust und beeinflussen das Ergebnis. Darüber hinaus demotivieren disharmonische organisatorische Abläufe die Mitarbeiter.

c) Mensch
Die Leistungsbereitschaft der Menschen im Beruf hängt von folgenden Kriterien ab: übertragene Verantwortung, Eigenverantwortung bis hin zur Selbstkontrolle der Leistung, Information, Lob und Kritik. Grundsätzlich dürfen wir davon ausgehen, dass die Mitarbeiterinnen und Mitarbeiter von Natur aus motiviert sind. Jedoch gibt es oft Einflüsse, die zur Demotivation führen. Diese Einflüsse gilt es zu erkennen und zu beseitigen.

5. Qualität des Führens

Führen zählt zu den schwierigsten Aufgaben in der Berufswelt. Personen, die Führungsverantwortung übernehmen, können sich nicht darauf berufen als Mensch das Recht zu haben, unqualifiziert zu führen. Im Führungsverhalten wird eine Qualität verlangt, die die Leistungsbereitschaft der Mitarbeiter fördert. Wesentliche Merkmale für ein teamorientiertes Führen sind Klarheit in der Sprache, Informationen, Zielabsprachen, Lob und Kritik sowie Konfliktbereitschaft und lösungsorientiertes Handeln. Darüber hinaus gehört es zu den Aufgaben einer Führungskraft sich permanent weiterzubilden.

6. Qualität des Umweltbewusstseins

In Deutschland hat sich ein hohes Umweltbewusstsein entwickelt. Häufig haben sich die als Zusatzbelastung notwendigen Investitionen als erhebliche Vorteile erwiesen. In der Chemischen Industrie bewirkte es, die bei vielen chemischen Prozessen freiwerdende Energie zu nutzen oder Syntheseprozesse effektiver zu entwickeln. Es muss für jeden berufstätigen Menschen zum Grundsatz werden, mit den Ressourcen der Natur sinnvoll umzugehen und nur die geringste Belastung zuzulassen. Umweltbewusstes Handeln hat Einfluss auf das Wohlbefinden der Menschen im Unternehmen, das Image und den Erfolg im Markt.
Bitte beantworten Sie die folgenden Fragen und entwickeln Sie daraus ein für Sie sinnvolles Resümee.

Was können Sie an der Qualität Ihrer Verfahrensprozesse verändern? Denken Sie auch an Bürotechnik.

_____

_____

_____

Was können Sie an der Qualität Ihrer Produkte verändern? Beziehen Sie bitte die verwendete Verpackung mit ein.

_____

_____

_____

Was können Sie an der Qualität der Organisation verbessern? Stellen Sie alle Prozesse in Frage. Verlangen Sie von sich oder anderen drei Veränderungen.

_____

_____

_____

Was können Sie an der Qualität der Leistung verändern? Welche Möglichkeiten haben Sie Ihre eigene Leistung zu steigern? Ein Beispiel kann die Weiterbildung sein.

_____

_____

_____

Was können Sie an der Qualität des Führens verändern? Welches Image haben Sie? Wie hoch liegt der Krankenstand in Ihrem Verantwortungsbereich? (BRD zur Zeit 4.3 %). Wie verhält sich Ihr Team, wenn Sie abwesend sind?

_____

_____

_____

Was können Sie an der Qualität des Umweltbewusstseins verändern? Wie wird das Unternehmen von außen gesehen?

_____

_____

_____

5.9. Projektmanagement
Werkzeug für Zielrealisierung

Projektmanagement

Ein Projekt ist ein Vorhaben, das einmalig ist. Es verlangt bestimmte Bedingungen und soll in einem vorgegebenen Zeitrahmen realisiert werden. Es ist eine Abfolge von Aktivitäten, die in einem Zusammenhang stehen und ein hohes Maß an Kommunikation, Information und Abstimmung verlangen. Im Mittelpunkt aller Projekte steht der Mensch. Die Zusammenstellung des Teams und die Einbindung bestimmter Personen bei abteilungsübergreifenden Prozessen spielen dabei die wesentliche Rolle.

❏ **Das Ziel eines jeden Projekts ist die Veränderung.**

Viele Details sind im Voraus nicht genau abwägbar. Flexibilität, Kommunikationsbereitschaft und die Fähigkeit sich in einem Team einzubringen sind die Voraussetzungen zum Erfolg. Projektmanagement erfasst die Gesamtheit der Führungsaufgaben: Führungsorganisation, Führungstechniken und Mittel, die zur Abwicklung des Projektes notwendig sind. Projektmanagement bietet die Möglichkeit, Ziele methodisch zu realisieren. Es ist ein Werkzeug, das den Weg vorgibt ein angestrebtes Ergebnis zu erreichen.

Projektmanagement kann in drei unterschiedlichen Ausprägungen auftreten. Die jeweiligen Vor- und Nachteile sind im folgenden beschrieben:

Stabsprojektorganisation
Das Wesentliche hierbei ist, dass der Projektleiter als Stabsstelle ergänzend integriert wird. Der Vorteil besteht darin, dass die Realisierung des Projekts ohne besonderen Aufwand möglich ist. Das Team besteht aus Mitarbeitern des Unternehmens, die ihre Fachkompetenz und ihr Wissen zielorientiert einbringen. Nachteil könnte sein, dass die Mitarbeiter für das bestimmte Projekt nicht freigestellt werden oder sie zu stark an das Tagesgeschäft gebunden sind. Der Projektleiter muss sich diesen Zwängen anpassen und ist auf den Goodwill anderer Entscheider angewiesen.

Eindeutige Projektorganisation
Der Projektleiter steht in voller Verantwortung zum Projektteam. Alle Mitarbeiter des Teams sind für die Dauer des Projekts freigestellt. Zwangsläufig kann das Projektteam als eine selbständige Einheit gesehen werden. Die Vorteile liegen in einer hohen Effektivität des Teams. Der Projektleiter ist der Entscheider, alle notwendigen Wege sind kurz. Der Nachteil besteht in dem organisatorischen Aufwand, d.h. in der Bereitstellung aller erforderlichen Ressourcen. Nach Ende des Projekts bedarf es einer Wiedereingliederung der Mitarbeiter. Eventuell von außen für das Projekt eingekaufte Kräfte nehmen Erfahrung und Wissen nach ihrem Ausscheiden mit.

Matrixprojektorganisation
Die Matrix wird dadurch erfüllt, dass verschiedene Fachabteilungsleiter für die fachliche Durchführung verantwortlich sind. Der Projektleiter ist zuständig für alle organisatorischen Bedingungen, zum Beispiel die Definition des Projekts, die zeitliche Realisierung und die Dokumentation und Information. Der Vorteil liegt in einer großen Sicherheit für die Mitarbeiter, das erarbeitete Wissen bleibt der jeweiligen Fachabteilung erhalten. Ein flexibler Personaleinsatz ist möglich. Der Nachteil der Matrixprojektorganisation liegt im Wesentlichen darin, dass Fach- und Projektleiter nebeneinander entscheidungsbefugt sind. So werden häufig Eigeninteressen

zur Entscheidungsgrundlage. Ein konfliktfreies Realisieren des Projekts verlangt besonders intensive Kommunikation und Information.

Sieben Schritte zur Zielerreichung:
1. Projektdefinition
2. Projektorganisation
3. Projektplanung
4. Projektsteuerung
5. Projektinformationssystem
6. Projektdokumentationssystem
7. Projektkontrolle

1. Projektdefinition
- Was soll erreicht werden?
- Wie soll das Projekt bei Zielerreichung aussehen?
- Welche Vorteile ergeben sich mit der Realisierung des Ziels?

Die Projektdefinition verlangt große Sorgfalt. Hierin eingebunden sind das Determinieren, Definieren, Strukturieren und Fixieren des anzustrebenden Zieles.

2. Projektorganisation

Unter Organisation ist hier zu verstehen, dass das Zusammenspiel der Kräfte zwischen Einzelpersonen bzw. den verschiedenen Gruppen reibungslos und möglichst konfliktfrei abläuft. Je klarer organisatorische Bedingungen festgelegt sind, um so leichter wird es für alle zuständigen Personen sein sich den festgelegten Bedingungen einzuordnen. Wichtig ist aber auch, dass Flexibilität und die Möglichkeit zu Alternativen nicht erstickt werden.

3. Projektplanung

Zu der Projektplanung gehört die Ablauforganisation, die Abgrenzung von Teilaufgaben, die Erreichung von Etappenzielen und eine grobe Abschätzung des allgemeinen Aufwandes. Erfasst werden zum Beispiel: Personen, Zeit und Materialien. Ein weiterer wichtiger Punkt ist die genaue, aber realistische Terminierung des Projekts.

4. Projektsteuerung

Wer von den in Frage kommenden Personen wird welche Aufgaben und die damit verbundene Verantwortung übernehmen? Bei diesen Entscheidungen sind die erforderlichen Kompetenzen zu berücksichtigen.

5. Projektinformationssystem

Ein Ziel kann nur dann qualitativ und quantitativ erreicht werden, wenn der bedingungslose Informationsaustausch unter den Beteiligten gesichert ist. Dieser Austausch muss über Einzelgespräche, Besprechungen, Protokolle und EDV-Informationssysteme verwirklicht werden.

6. Projektdokumentationssystem

Alle Informationen werden gesammelt, gespeichert und müssen für alle an dem Projekt beteiligten Mitarbeitern zugänglich sein.

7. Projektkontrolle

Sie verlangt eine regelmäßige Erfassung der Zielentwicklung. Hierin eingebunden ist die Gegenüberstellung von Aufwand und Erfolg. Es bedarf immer wieder der Soll / Ist Gegenüberstellung. Mit dem Vergleich, ob die wesentlichen Meilensteine des Ziels erreicht wurden können eventuell notwendige Entscheidungen getroffen werden. Auch ist es wichtig, die bisherige Aufgabenverteilung und alle geplanten organisatorischen Maßnahmen auf ihre Zweckmäßigkeit zu prüfen.

Projektmanagement anhand eines gewollten Veränderungsprozesses:

Das folgende Beispiel ist an eine zu verändernde Situation angelehnt und zeigt sieben Schritte auf, die zum Ziel führen.

1. Welche Situation liegt vor?
2. Was soll verändert und erreicht werden?
3. Welche Bedingungen sind notwendig?
4. Welche Entscheidungen sind zu treffen?
5. Welche organisatorischen Abläufe sind geplant?
6. Wer und wie kontrolliert sie wie oft?
7. Welche zukunftsorientierte Motivation ergibt sich daraus?

1. Definition: Welche Situation liegt vor?
Die Situationsanalyse verlangt die Feststellung, wo das Problem liegt. In Frage kommen vier Bereiche:
a) Mensch,
b) Produkt,
c) Organisation,
d) Technik.

2. Was soll verändert und erreicht werden?
Ist das Problem an Personen gebunden und verlangt personelle Veränderungen, so sind alle Vor- und Nachteile gegenüberzustellen und zu diskutieren.
Bei Produkten kann es den Lebenszyklus betreffen, zum Beispiel, dass ein umsatzstarkes Produkt sich seit zwei Jahren rückläufig entwickelt.
Organisatorisch sind alle zusammenhängende Prozessabläufe gemeint, die den gestellten Anforderungen nicht mehr genügen. Dieses Reengineering erfasst zum Beispiel den Zeitaufwand, die Schnelligkeit und die Effektivität der Prozessketten.
Ein Beispiel aus der Technik könnten veraltete Maschinen oder Produktionsengpässe sein.

3. Wie kann das Problem gelöst werden?

An dieser Stelle werden schöpferisches Denken, Kreativität, Planung und Innovation gefordert. Verbesserungsvorschläge aller Art werden gesammelt, diskutiert und selektiert. Voraussetzung für den Erfolg sind Klarheit und Objektivität.

4. Steuerung: Welche Entscheidungen sind zu treffen?

Entscheidungsfindungen sind die Voraussetzung für Veränderungen. Sie müssen verständlich definiert, determiniert und schriftlich fixiert werden. Sie verlangen eine Abstimmung mit allen beteiligten Personen hinsichtlich des zu erreichenden Ziels.

5. Organisatorische Abläufe

Wie werden beispielsweise die erforderlichen Maßnahmen vorbereitet, terminiert und bestimmten Personen bzw. den entsprechenden Einheiten zugeordnet? Verantwortung und Zuständigkeit sollen klar erkennbar sein. Wichtig sind auch entsprechende Budgetierungen. Organisatorische Abläufe verlangen realistisches und pragmatisches Denken und Handeln.

6. Kontrolle Informations- und Dokumentationsangaben

Das Ziel ist definiert und in einem zeitlichen Rahmen festgelegt. Dementsprechend sind Kontrollen möglich. Dazu gehören das Erkennen von Zielabweichungen, z. B. Budgetüberschreitungen, Austausch und Dokumentation von Informationen. Zu erfassen sind Zeit, beteiligte Personen, Material und der jeweilige Fortschritt des Projektes.

7. Zukunftsorientierte Motivation

Das Ziel soll Optimismus, Motivation und Leistungsbereitschaft auslösen. Wichtig ist hierbei, Gemeinsamkeiten und unternehmensorientierte sowie persönlich bezogene Verantwortung herauszustellen.

Welche Erfahrungen haben Sie mit Projektmanagement gemacht?

_____
_____
_____

Schreiben Sie die sieben Schritte zur Zielerreichung eines Projekts auf.

_____
_____
_____

Welchen Einfluss hat der zeitliche Rahmen auf die Dynamik der Projektabläufe?

_____
_____
_____

Nennen Sie die jeweiligen Vor- und Nachteile von Stabsprojektorganisation und Matrixprojektorganisation.

_____
_____
_____

Welchen Einfluss hat die Kommunikation auf den reibungslosen Ablauf eines Projekts?

_____
_____
_____

Wenn Sie Mitglied eines Projektteams werden, welche Aufgabe wünschen Sie sich und warum?

_____

_____

_____

5.10 Visionen

Eine Vision ist eine im Hinblick auf die Zukunft entworfene, konkretisierte Vorstellung. Sie wird von den Verantwortlichen entwickelt und festgeschrieben. Ein Unternehmen in unserer heutigen Zeit, das unabhängig von seiner Größe keine Vision hat, gilt als rückständig. Aus dieser Perspektive gesehen ist es die Aufgabe eines jeden Unternehmers bzw. Managers, sich mit dem Be- griff „Vision" pragmatisch auseinanderzusetzen. Das folgende Beispiel möchte Ihnen erkennbar machen, wie konkret eine Vision sein kann. Stellen Sie sich bitte jetzt den Kern einer Frucht vor. In diesem Kern ist alles angelegt, was als Vollendung zu einem späteren Zeitpunkt erkennbar wird. Wenn Sie einen Kirschkern betrachten, so können wir uns bildlich vorstellen, wie aus diesem Kern ein Baum erwächst und viele Früchte trägt. Es gehört zur Vision, dass der Baum sehr ertragreich sein soll und alle Maßnahmen getroffen werden um schädliche Einflüsse zu verhindern und zu beseitigen. Um diese Vorstellung zu realisieren, sind neben der Zeit noch viele andere Kriterien zu erfüllen. So sollten wir auch eine in die Zukunft gerichtete Vision sehen. Je klarer und deutlicher das Profil herausgearbeitet wird, um so leichter lassen sich alle notwendigen Maßnahmen entwickeln um die Vision zu realisieren. Resultierend daraus muss das Management klare Zukunftsprofile sehen.

- **Wichtig ist, dass die Vision allen Führungskräften und Mitarbeitern im Unternehmen bewusst gemacht wird. Jeder muss sich mit der Vision identifizieren.**

Dadurch entsteht ein Geist, der kreatives Denken und Handeln bis hin zu gewinnbringenden Innovationen fördert. Eine Vision ist die globale Vorstellung, wie sich das Unternehmen binnen eines bestimmten Zeitpunkts nach innen und nach außen darstellt. Nach innen gerichtet, erfassen diese Visionen die Mitarbeiter, die Produktionsprozesse und die Produkte. Nach außen orientiert, kennen wir die Vision des Marktes, die Stellung des Unternehmens im Markt und sein Image in der Öffentlichkeit. Was heißt dies im Detail?

Die Vision der Mitarbeiter
Sie kann nur lauten: Selbständigkeit, Freude an der Leistung, Eigenverantwortung, Selbstkontrolle, Qualität, Verantwortungsbewusst sein gegenüber dem Ganzen.

Die Vision zu den Produktionsprozessen
Hierin eingebunden sind die Produktionsstraßen und alle organisatorischen Vorgänge, welche die Voraussetzungen für erfolgreiche Herstellung von Produkten schaffen. Erfasst werden alle pulsierenden Kräfte im Unternehmen, die zur Realisierung der Visionen beitragen. Hierzu zählen auch Forschung, Anwendungstechnik und das Ingenieurwesen.

Die Vision zu den Produkten
In diese Visionen eingebunden ist das vorhandene Sortiment und alle notwendigen Veränderungen, die von den Kunden und den Verbrauchern gefordert und erwartet werden.
Ein Unternehmen ist grundsätzlich kein autarkes, völlig unabhängiges Gebilde, sondern ein fester Bestandteil innerhalb einer Gesellschaft. Als solches muss es in seinem Handeln die wesentlichen Bedürfniskriterien des Bürgers erfüllen. Vision heißt in diesem Fall, dass sich das Unternehmen und mit ihm alle Mitarbeiter einschließlich seines Managements als einen Teil des Marktes sieht. Der Faktor Umwelt und alle damit verbundenen Forderun-

gen, wie zum Beispiel Abfallminimierung und Recyclingfähigkeit, sind nur Bruchstücke dessen, was eine Vision erfassen muss.

Die Vision zum Markt
Die Vision des Marktes erfasst alle Regionen, in denen die Menschen leben, die für die im Unternehmen erbrachten Leistungen in Frage kommen. Nur die Manager, die ohne Grenzen denken, werden die Möglichkeiten des Marktes erfassen und in international orientierte Chancen umsetzen können.

❐ **Wer in Grenzen denkt, wird in seinen eigenen Grenzen leben, wird begrenzt handeln und begrenzt erfolgreich sein.**

Die Vision zur Stellung im Markt
Eine Vision ist eine Vorstellung, die zum Ziel wird. Jedes Unternehmen ohne klare Visionen braucht sich nicht zu wundern, wenn es eines Tages eine völlig andere Position einnimmt als erwünscht. Nur wenn über die Vision und ihre Ziele eine entsprechende Vorstellung vorhanden ist, werden alle notwendigen Energien und Kräfte zentriert um die Vision zu realisieren.

Die Vision zum Image in der Öffentlichkeit
Der Gesamterfolg eines Unternehmens wird künftig mehr denn je von seinem Image getragen sein. Die Abhängigkeit des unternehmerischen Erfolges von der öffentlichen Meinung verlangt alle hier genannten Kriterien zu erfüllen. Ein wesentlicher Faktor, der die Corporate Identity beeinflusst, ist das Corporate Design. Hierunter verstehen wir das gesamtheitliche visuelle Erscheinungsbild des Unternehmens. Vom Briefbogen über das Firmenlogo und alle PKW's bis hin zum Aussehen sämtlicher Außenstellen sollte alles in einem identischen Bild erscheinen. Diese und andere Fakten erfassen die sogenannte Corporate Identity des Unternehmens. Das Verhalten der Mitarbeiter muss dieses prägende Bild verstärken. Die Inhalte sollten bei der Kommunikation sowohl nach

innen aber auch nach außen zum Kunden hin als Markenzeichen des Unternehmens erkennbar werden. Sie beeinflussen :

- die Produkte
- das Verhältnis des Unternehmens zu Umweltfragen
- Arbeitsplatzsicherung, Arbeitsplatzgestaltung, Arbeitssicherheit
- das Verhältnis zu Lieferanten und Kunden
- die Bedeutung der Leistung für die Gesellschaft.

Manager, die nicht begreifen, dass der Verbraucher die Öffentlichkeit ist, müssen damit rechnen, dass alle im Unternehmen geleisteten Aktivitäten im Markt versanden, die Liquidität geschwächt und die Existenz des Unternehmens in Frage gestellt wird.

5.11 Kreatives Denken und Handeln

Jede Führungskraft muss sich bewusst sein, dass die Realisierung aller Visionen nur über die zur Verfügung stehenden Humanressourcen verwirklicht werden können. In die Zukunft gesehen darf der folgende Satz nicht nur Lippenbekenntnis sein:

❒ **Die Mitarbeiterinnen und Mitarbeiter sind das höchste Gut und das eigentliche Potential eines jeden Unternehmens.**

Dieser Satz muss die Grundlage allen Denkens und Handelns im Management werden. Dadurch werden die Bedingungen geschaffen, welche die Lust des einzelnen im Team für kreatives Denken und Handeln wecken. Diese Kreativität kann dann in gewinnbringende Produkte und Leistungen umgesetzt werden. Das Management ist verantwortlich für den Geist und das allgemeine Engagement im Team.

Kreativität bei Mitarbeitern wird erkennbar:
- wenn sie Ideen für wichtig halten und bereit sind solche zu entwickeln;

- wenn sie einfallsreich sind und ein Gespür für Lösungen zeigen;
- wenn sie die Bereitschaft signalisieren nach ungewöhnlichen Lösungen zu suchen;
- wenn sie über Problemlösungen nachdenken, die von anderen als unmöglich abgelegt wurden;
- wenn sie bekannte Dinge einsetzen, um Neues zu schaffen.

Unter Kreativität verstehen wir die Fähigkeit zu schöpferischem Denken. Daraus resultieren:

- Originalität,
- Einzigartigkeit
- die Bereitschaft, neue Wege zu gehen.

Voraussetzungen für Kreativität
Jeder besitzt Mensch kreative Fähigkeiten. Diese sind unterschiedlich ausgeprägt und je nach Veranlagung unterschiedlich ausgelegt. Aber sie sind grundsätzlich in jedem Menschen vorhanden. Folgende Voraussetzungen müssen gegeben sein, damit Mitarbeiter im Rahmen ihrer Möglichkeiten überhaupt gewillt sind Kreativität zu entwickeln:

- ein Umfeld, in dem sie das Gefühl haben akzeptiert zu werden;
- ein Betriebsklima, in dem niemand die Befürchtung haben muss sich zu blamieren;
- Führungskräfte, die immer wieder erkennbar machen, dass Kreativität gewünscht wird und Ideen auf ihre Verwertbarkeit hin gründlich prüfen.

Um die Zukunftsvisionen eines Unternehmens zu erfüllen, sollten Führungskräfte neben der fachlichen Kompetenz soziale Kompetenz besitzen und praktizieren. Jede aus Ihrem Team erkennbare kreative Idee ist in Verbindung mit neuen Markt-Chancen zu sehen und ist mit dem Team in gemeinsamen Erfolg umzusetzen.

In kreativen Unternehmen wird vor allen Dingen in den Produktionsprozessen nach guten Ideen gesucht. Ziel ist dabei kostenminimierende Maßnahmen umsetzen zu können. Auch die kleinste Idee kann dazu beitragen. Kreativität ist auch gefragt bei dem Problem, wie mit vorhandenen Ressourcen sparsamer umgegangen werden kann, beispielsweise mit Energie oder Wasser. In vielen Unternehmen wird das Verbesserungsvorschlagswesen intensiv gefördert. Die Erfolge sind oft außergewöhnlich.

Kreativität, Innovation
Die kreativen Kompetenzen eines Teams zu nutzen bedeutet Innovationen zu sichern.
Innovationen sind das Ergebnis von Visionen und Kreativität. Unternehmerisches Denken verlangt Innovationen. Über Innovationen besteht die Möglichkeit, sich von anderen Unternehmen abzugrenzen. Diese positive Abgrenzung schafft Wettbewerbsvorteile und verbesserte Ergebnisse. Ein innovatives Klima und umgesetzte Innovationen, tragen zu einer Reihe wichtiger Vorteile für das Unternehmen bei, zum Beispiel:

- ein Vorsprung auf dem Markt;
- die Möglichkeit diesen Marktvorsprung über eine vernünftige Preispolitik gewinnbringend zu nutzen;
- der Vorteil das Image des Unternehmens zu verbessern;
- die Sicherung von Liquidität und Investitionen.

Es muss das Ziel eines jeden Managers sein das Kreativitätspotential aller Mitarbeiter zu erkennen und in marktspezifisches Handeln umzusetzen. Führen heißt auch, die notwendigen Voraussetzungen zu schaffen, damit Mitarbeiter ihre Ideen gerne als Verbesserungsvorschläge einbringen. Der erfolgreiche Weg Innovationen zu entwickeln setzt eine mitarbeiterorientierte Unternehmenskultur voraus.

Was verstehen Sie unter einer Vision?

_____

_____

_____

Warum ist eine Vision für ein Unternehmen wichtig?

_____

_____

_____

Welche Kräfte werden in einem Unternehmen, das eine klar definierte Vision hat, freigesetzt?

_____

_____

_____

Was verbindet eine Vision mit Zielen?

_____

_____

_____

Kennen Sie die Vision Ihres Unternehmens?

_____

_____

_____

Welchen persönlichen Einfluss haben Sie auf eine Vision?

_____

_____

_____

Wenn Sie Ihre berufliche Tätigkeit mit Ihrem inneren Auge visualisieren, was soll sich dann innerhalb der nächsten drei Jahre verändern? Wie sieht Ihre persönliche Vision aus?

_____
_____
_____

Aufruf

Das Buch möchte Sie anregen, Ihr Denken und Handeln zu strukturieren und auf Erfolg auszurichten. Es zeigt Ihnen Möglichkeiten auf, Träume und Wünsche in Ziele zu verwandeln. Es wird in Ihnen die Kraft und die Motivation auslösen, willentlich und bewusst den Weg zu gehen, der Ihr Leben erfüllter machen wird.

Das Buch beinhaltet für Sie viele kostbare Anregungen, die Sie zu mutigen Entscheidungen herausfordern. Es hilft Ihnen Ihr Leben als ein Abenteuer zu sehen, in dessen Verlauf Sie gestaltend und verändernd eingreifen können. Sie erhalten Anregungen das Wesentliche vom Unwesentlichen zu unterscheiden und alle Ereignisse als eine Chance der persönlichen Evolution annehmen zu können.

Die Inhalte verbunden mit den Arbeitsblättern werden in Ihnen Energien auslösen, die Ihnen helfen Hindernisse und Misserfolge zu überwinden. Sie werden mehr Freue und Spaß in der Auseinandersetzung mit den alltäglichen Geschehnissen finden.

Literaturverzeichnis

Goleman, Daniel: Kreativität entdecken, 1997 Carl Hanser Verlag, München

Wolf, Gerald: Das Gehirn, 1992 Quintessenz Verlag GmbH, München

Rückerl, Thomas: NLP in Stichworten, 1994 Junfermann, Paderborn

Langer, Ellen J.: Aktives Denken, 1991 Rowohlt Verlag GmbH, Reinbek bei Hamburg

Becker, Bruce: Entscheidungen, 2. Aufl. 1993 GABAL-Verlag, Bremen

Jung, C. G.: Über die Psychologie des Unbewussten, Fischer Verlag

Kawasaki, Guy: Gesetze für Revolutionäre, 1998 Econ Verlag, München-Düsseldorf GmbH

Volkmar Stangier

Freiheit und Erfolg durch positive Lebensgestaltung

**Intuition und spirituelle Entwicklung –
Ein Ratgeber mit zahlreichen Arbeitsblättern**

2003, 249 S., € 22,00, SFR 38,70
expert taschenbücher, 71
ISBN 3-8169-2160-4

Jeder Mensch sehnt sich nach Freiheit und Erfolg. Der Beruf, das Privatleben, aber auch die eigene Unzulänglichkeit, sind Einflüsse, die den Menschen hindern, sich selbst mit all seinen Kompetenzen und Fähigkeiten zu verwirklichen. Freiheit bedeutet zu lernen, zu verstehen, bereit zu sein, sich Konflikten zu stellen und sie zu meistern. Freiheit ist auch, sich selbst und andere zu lieben. Sie verlangt Selbstbestimmung statt Fremdbestimmung. Wer mit einer inneren Freiheit sein Leben gestaltet, wird seine ganze Persönlichkeit erfahren, sie leben und erfolgreich sein.
Der Leser findet im Rahmen eines ganzheitlichen Ansatzes Antworten auf viele Lebensfragen.

Der Autor leitet seit fast 20 Jahren Seminare und Trainings in der Wirtschaft und im Handel. Sein Ziel: Menschen glücklich zu machen. Glück bedeutet für ihn ein erfülltes Leben in Freude, Liebe und Erfolg.

**Fordern Sie unsere Fachverzeichnisse an!
Tel. 07159/9265-0, FAX 07159/9265-20
e-mail: expert @ expertverlag.de
Internet: www.expertverlag.de**

expert verlag GmbH · Postfach 2020 · D-71268 Renningen

Susanne Helbach-Grosser

Erfolg mit Takt & Stil

Umgangsformen aktuell - Empfehlungen für Eilige

7. Aufl. 2003, 152 S., € 25,00, SFR, 43,80
Praxiswissen Wirtschaft, 50
ISBN 3-8169-2223-6

Dieses Buch gibt Anregungen für das angemessene Verhalten in (fast) allen Lebenslagen. Die Leserinnen und die Leser können überprüfen, ob »ihre« Etikette noch Gültigkeit hat, ihr Wissen durch das Erlernen der zeitgemäßen Regeln aktualisieren und so Sicherheit im Umgang mit anderen Menschen gewinnen.
Modernes Etikette-know-how hat nichts mehr mit den steifen Regeln von einst zu tun ? es ist menschenzugewandt, flexibel, situationsabhängig und vor allem nachvollziehbar. Das Buch schließt Lücken und gibt Ratschläge; es plädiert für ein noch stilvolleres Auftreten, für Toleranz und Höflichkeit im Umgang miteinander ? kurz: Es bietet keine oberflächlichen Karrieretips, sondern Empfehlungen, die sinnvoll sind und Konflikte verhindern helfen.
Alles Wichtige zum Thema »Moderne Umgangsformen - Auftreten mit Stil« ist in diesem Buch zuverlässig zur Hand. Im Vordergrund stehen die Fakten, die schnell nachgeschlagen werden können. Sozusagen im »Bitte ja - Lieber nicht«-Verfahren. Hintergründe werden kurz und bündig erläutert. Leserin und Leser lernen die aktuellen »Benimm-Standards« und erfahren, welche Verhaltensweisen und Floskeln sie ruhig vergessen dürfen, da sie nicht mehr zeitgemäß sind.
Das Buch bietet Informationen zu vielen Stichwörtern, auch im Verhalten der Geschlechter untereinander.

Die InteressentInnen:
- Menschen, für die der Begriff »Höflichkeit« kein Fremdwort ist, die aber gewisse Situationen noch professioneller meistern möchten
- Menschen, die an ihrem Image etwas ändern möchten, die anderen so begegnen möchten, daß die Beziehung nicht gefährdet wird
- Menschen, die offizielle Verpflichtungen haben und Gastgeberaufgaben erfüllen wollen oder müssen

Fordern Sie unsere Fachverzeichnisse an!
Tel. 07159/9265-0, FAX 07159/9265-20
e-mail: expert @ expertverlag.de
Internet: www.expertverlag.de

expert verlag GmbH · Postfach 2020 · D-71268 Renningen